森 政弘

親子のための仏教入門

我慢が楽しくなる技術

GS

序に代えて　ロボット工学と仏教

筆者は五十年もの長きにわたり、ロボット工学を専門として研究を重ねてきました。

まずは、ロボット工学を専門とする筆者が、どうして仏教の解説本を執筆するのかという、いきさつと理由を述べておきましょう。ロボットと仏教——常識ではまったく対極にあって互いに相容れないものと思われているこの二つが融合していることを不思議がられる方が、非常に多いからです。

少年の願いと自動化

筆者の小学校時代、お坊さんが仏壇にお経を上げてくださるとき、筆者も神妙に正座して、その読経を聞いたものでしたが、もちろん意味も何も分かりませんでした。

だからお坊さんはデタラメを唱《とな》えているのかと思い、自分で木魚をたたいてデタラメを唱えてみましたが、出まかせのデタラメというものは長くは続かず、それで「お経はデタラメではない。きっと何か深い意味のあるものなんだろう。いつかはそれを勉強してみたいものだ」という、願いにも似た思いがわきだしました。昭和十年頃のことでした。

時は流れて昭和二十八年から、筆者は大学の研究室で自動化の研究を開始し、いろんな工場現場へ出向いては、その指導をするようになりました。そんな中、日本の工業は日本人の器用な指先に負うところが大きいことを知り、なんとかして〝機械の指〟を作らねばならないと発想し、それがロボット研究立ち上げの大きな要因となったのです。高度経済成長はじまりの頃のことです。

しかし、いざそのような真新しいことをはじめてみると、種々の人間的抵抗に出くわしました。ロボット時代の今日からは想像すらできないことでしょうが、「そんな玩具みたいなものは止めて、もっとまじめな研究をやれ」「指の研究は医学部の整形外科がすることだ。機械工学ではない」……など四面楚歌《しめんそか》の状態に陥ったのでした。

研究者一般の頭がこんなに固くては将来が危ないと感じた筆者は、柔らかい頭を訓練する場が必要だと痛感し、大学とは別のところに自由研究グループなるものを発足させたのです。他大学や諸企業にも筆者と同様な考えを持った人がいまして、二十八名が自由研究に集合しました。しかし、自由という言葉は薄汚れた感じがするという仲間がいて、自由がだめならば自在で行こうということになり、昭和四十五年三月に「株式会社自在研究所」として正式に発足しました。筆者が四十三歳のときでした。

もちろんその頃は、自在研究所が命とする「柔軟な発想」や「自在」という言葉が、仏教の柔軟心《にゅうなんしん》や観自在菩薩《かんじざいぼさつ》に通じるものだとは夢にも思っていませんでした。

年末が来ればご多分にもれず、われわれも忘年会を企画しましたが、ただ酒を飲むだけでは物足りないということで、衆議一決、禅寺へ参禅することになりました。

その寺は東京都荒川区にある「泊船軒《はくせんけん》」という臨済宗《りんざいしゅう》妙心寺派の寺で、今は静岡県三島市の龍澤寺《りゅうたくじ》専門道場師家《しけ》の後藤榮山老大師《ごとうえいざんろうたいし》というお方が、当時住職をしておられました。それは昭和四十七年十二月のことでした。坐禅と講話がすんで寺を去ろうとしたとき、筆者だけが榮山老大師に呼び止められ、

「君たちは、自在、自在と言っているが、自在とはどういうことか分かっているか？　君の作ったロボットが自由自在に動くことかね」

と問われました。

「ロボットの動きもそうですが、もっと深い意味があると思います」

とお答えしたところ、

「自在は大事な仏教語だ。寺には仏教の諸先達の本もあるから、がっちりと勉強しなさい」

とおっしゃり、早速、翌年一月に、師から漢文で書かれた般若心経《はんにゃしんぎょう》の注釈書が送られて来たのです。その中に観自在菩薩《かんじざいぼさつ》は観音さまの別名とあり、したがって「自在」*には非常に深い意味があることを知らされたわけでした。これが後藤榮山老大師と筆者とのご縁のはじまりでした。(*「自在」には、それを「ミズカラアル〈自《みずか》ら在《あ》る〉」と読んで、どんな境遇においても、つねに主人公になっている〈主体性を失わない〉という意味と、「オノズカラアル〈自《おの》ずから在《あ》る〉」と読んで、本文第一章で述べる「宇宙〈大自然〉のはたらき」にすべてをまかせ切った自然体、という意味の二つがあります。しかもその二つが、第四章で詳述するように「一つ」に溶け合っているのが、本当の「自在」なのです。ですから「自在」は自由よりも、はるかに奥深い意味を持っています。)

前述のように、もともと、いつかは仏教をきちんと学びたいと念じていた筆者にとっては、それは干天の慈雨で、夢中でかじり付きました。

師はその後、台東区の海禅寺に移られましたが、そんなことがきっかけで、坐禅や読経の練習をさせていただいたり、お話を聴かせていただいたりと、師のところへ時々うかがうことが筆者には楽しくなってきました。とりわけお経に接することが無上の楽しみとなり、ついに大《たい》正新脩大蔵経《しょうしんしゅうだいぞうきょう》と国訳一切経《こくやくいっさいきょう》を手元に置くようになったのです。

ロボットと仏教

ところで筆者の専門はロボット工学です。「ロボットと仏教？」と、この二つを対極に見て不思議がられる向きも多いのですが、師のおかげで筆者にとってはこの二つは並存しているのでなく、一つに融け合っているのです。「ロボットの中の仏性《ぶっしょう》」という内容の書も出版させていただけました。筆者はロボットのおかげで仏教を理解することができました。もしもロボットをやっていなかったならば、今もって仏教は分からなかったでしょう。この点、ロボットへは大感謝です。

仏教を学んだからには菩薩行《ぼさつぎょう》を行ずべきです。菩薩行とは仏教の教えにしたがって他者を救う行いのことです。多くの仏教者は救う対象を人間とされているようですが、筆者の場合、対象は物であり技術です。物と技術、これらを救済すること、すなわち、技術が物を浪費して地球までをも危うくしかかっている現実を改め、技術が物も人も地球も生かすようにすることが筆者の責任範囲と心得て、及ばずながら、できるだけの努力を傾けさせて頂いています。

たとえば、しばしばテレビ放映されるロボットコンテストですが、あれは筆者が創始した仏教応用のひとつです。青少年が、物作り三昧《ざんまい》にひたることによって、劇的に心が変化するのです。「もの作りは人作り」という標語も生まれ、あの世界では、技術が技道に格上げされているのです。

本書でもとくに**第二章の2．物と話ができるようになる**の節を設けたのは、その理由によります。物との会話を仏教的に語ってあるのは、本書にしか見られない一大特徴でしょう。

以上がロボット屋である筆者が本書を書くいきさつと理由なのです。

我慢できなくなった親、そして子供

付言しておきたいことがあります。本書をお読みになれば分かりますが、仏教というものは、いわゆる宗教をはなれて考えても、人間が生きてゆく上で非常に大事なことをたくさん説き、大きな文化を形作っています。ですからそれを青少年に語り伝えてゆくことは、日本文化の伝承ということから考えて大人の責任であると言えましょう。しかし残念なことに、学校教育だけではそれがほとんど伝わらないのが現実です。そこでまず、読者ご自身が、仏教が説く内容をものにされ、それを子弟に語り伝えることが必要となります。

表題には『我慢が楽しくなる技術』というサブタイトルがついていますが、内容としては、「我慢」もふくめた「心のコントロールの仕方」を解説したもので、全体としては『親子のための仏教入門』という内容になっています。

人には物欲やわがままがあるのが当然です。そして、そういう欲やわがままを抑えることは、ほんとうに難しい。特に最近では、だだをこねる子供を躾《しつけ》もせず放ったらかしにする親が増えていたり、教育現場も荒れているようです。結果、いじめは増える一方で、いじめられた子供たちの自殺も目立つようになりました。攻撃するほうも、されるほうも、自分の気持ちを抑えることができないのでしょう。じつは、これは、子供に問題があるわけでなく、親自身が、自分の心を制御できなくなっているからなのです。自分の心と気楽につきあうというようなことは、大人になっても簡単にできるものではありません。それが、子供であればなおさらでしょう。柔軟性のある幼いうちから、仏教の教えに触れてゆくことは、最終的には、生きやすくするための技術を身に付けることにもなると考えているのです。

タイトルで「我慢」を大きくとりあげたのは、数ある「心の毒（第三章参照）」の中でも、欲望というのは律することが難しいものであり、特に最近の社会状況を見ていると、政治家から子供まで、だれもが「我慢」を上手にできていないと思うからです。

ちなみに、「我慢が楽しくなる技術」は、仏教の教えの中にたっぷりと入っています。我慢、つまり忍耐は仏教修行の大切な項目でもあります。仏教を理解できれば、ありとあらゆるマイナスの感情をコントロールでき、自らが穏やかになるだけでなく、人に対して優しくなれます。

「我慢」というと、よくないイメージの言葉のように聞こえるかもしれませんが、「我慢」が楽にできると、生きることが、格段に楽になり、楽しくなるのです。生きることを楽に、楽しくしてくれるのが仏教である、ということを、最初に分かっていただきたいと思います。

仏教に触れていただき、その心を少しでも知ってもらうこと。それが、この本を書いた私の思いです。

なお、お子さんをりっぱに育ててゆくには、お子さんの心の中にまで入り込んで、その状態を見とおし、今、この子は何を求めているか、何に苦しんでいるかという、声なき声を聞き分けて指導したり相談相手になったりする必要があります。ですから本書の内容も、お子さんが〝聞き耳〟を開いた適切な時にお話しになることが必要です。むりに押しつけて聞き耳をふさいでしまわれないように注意してください。万が一急ぎすぎてお子さんを仏教嫌いにさせてしまうと、お子さんは人生の大きな宝物を失うことになります。

英国の教育学者ウィリアム・アーサー・ワードは言いました。「凡庸な教師はただしゃべる。少しましな教師は理解させようと努める。優れた教師は自らやって見せる。本当に優れた教師は心に火を点ける」と。ですからお子さんに本書全部を理解していただくよりも、どこかの頁が気に入って、お子さんの心に仏教への火が点けば、それで本書の役割は果たすことができると考えています。

なお、「我慢」とは、もともと仏教用語で、自分を偉く思い、他を軽んじるという、思い上がりのことを言うのですが、近世後期から、現在ふつうに使われている「たえしのぶ」「しんぼうする」という意味で使われるように転じてきたのです。本書で言う我慢は、子供さんにも分かるように、仏教本来の意味ではなく、この後者の意味で使っていることを、念のために申しそえます。

親子のための仏教入門／目次

序に代えて　ロボット工学と仏教　3

第一章　仏さまとは、仏教とは　23

底抜けの包容力――キリスト教を信じながらでも仏教はできる　25
宇宙のはたらき　29
鼻はなぜ口の上にあるのか　30
目にまぶたがあるのに耳にはふたがないわけ　31
花が咲くとき　ちょうが来る奥深さ　32
コラム　カニのハサミの右左　35
真理と法則　36
真理の人、仏さま　37
救う人、ボサツさま　40
仏像を拝むときの注意――お願いではなく感謝　41
コラム　手の合わせ方　44
人間は二本足だから合掌するのだ　44
仏教とは宇宙の真理である　46
コラム　仏教で言う「有り難い」の意味　46

第二章　仏教をすると何がよくなるのか　49

本当に伝わる仏教を　50
1. 顔がよくなる　51
2. 物と話ができるようになる――「捨てる」ことの本当の意味を知る　52
3. 人の気持ちが分かるようになり友達が増える　55
4. やらされているという気持ちがなくなる　56
コラム 遊びの本当の意味――遊びは〝高級〟なこと　57
5. 楽に我慢ができるようになる――死にたいと思ったら　58
コラム 仏さまが与えてくださるということの意味　60
6. 滅入ったとき、逃げ出したくなったとき、泣きたくなったときの助けになる　60
7. ひねくれない、すなおな心になる　61
8. 心が、静かで、安らかになる　62
9. ゆたかな気持ちになれる――若いときは、貧相な心の旅の途中　62
10. 一生懸命の姿勢が身に付く　63
11. 大きな勇気が出る　63
12. いばらなくなり、友達が増え、人生が発展する　64

13. 心が柔らかくなる、頭も柔らかくなる 65
14. 気がつかなかった大切なことに気がつく 66
15. 心の奥底からやりたいと望んでいることができるようになる 66
16. お経を唱え読むことができる 68
コラム お経の読み方三つ 71
17. 坐禅ができる 72

第三章 仏道を歩もう 75

合掌しよう 76
心の毒を消そう――「煩悩」の正体 77
三つの猛毒 78
人に尽くそう 86
心をコントロールしよう 89
コントロール・システム 90
自分を見るもうひとりの自分 92
心の先生になろう――自分は心の「運転手」 94

腹を立てないようにしよう 95
腹を立てないコツ十ヶ条 97
最高の我慢とは——悪口も失敗も、仏からのプレゼント 103
コラム 有頂天にならないこと 104
なんでもそれに成り切るまで一生懸命やろう 105
見る者が消える「三昧」 105
コラム 失敗談：運転中のお経は、気が散っている証拠 108
少年少女の「三昧」とロボットコンテスト 108
心を育てた製作三昧 110
「機械を愛する心と、その素晴らしさを知った」 112
「物を粗末にしてはいけないことに気づかされた」 114
学校や先生に感謝を抱くようになった子供たち 116
「夢中とは何か、を生まれてはじめて体感した」 118
コラム 八戸三中 ロボコンの名言いくつか 119
物は、人間が利用するためだけの存在だろうか？ 122
心を落ち着かせよう。そのために必要なこと 123
［姿勢の調え方］——坐った仏像の姿に 125

〔呼吸の調え方〕 127
〔心の調え方〕 127
〔坐禅を止める〕――赤ちゃんを守るように大切に 131
コラム 精進料理とは、坐禅がうまくいく料理 131
知ることよりも、考えること・気づくことを大切にしよう
――知識と知恵のちがい 133

第四章　仏教の知恵ってどんな知恵 135
「知恵」は悟りの鍵である 136
ふつうには見えないことが見えるようになる 137
正しく見ることの難しさ――「言葉」が真実の邪魔をしている 137
この世の本当の姿(実相)を見る――「エネルギー」は見えない 141
心のコントロールしだいで物事の善と悪が入れかわる 146
三性と無記――世界中で、仏教哲学だけが発見したこと 146
説教強盗の話――使い様で、善にも悪にもなるものとは? 147
三性の例いくつか――「メス」で人を殺し、「ドス」で人を救う!? 151

発明のコツは三性の理にある
——「悪」に腹を立てなければ、世紀の発明が可能に！ 155
コントロールを外せば善は悪に転落する——バブル経済崩壊の原因 157
失敗を拝んでノーベル賞——すぐれた科学者ほど、「無記」の尊さを知る 158

紙が鉄を切る——すべてはすべてに関係している 160
ひとつの小さな影響は、どこまでも及ぶ 160
すべてがつながっていることは、万有引力を考えればすぐ分かる 162
縁起——「因」と「果」の間にあるもの 164
コラム 星の温度とねじのピッチは関係している 169

部分の中に全体が入っている——すべては非常に尊い 170
どんな小さなものも、宇宙の代表——一輪ざしは全宇宙 170
六教科が入っているロボコン授業——「部分」の中に「全体」がある 172

指を知れば宇宙のはたらきが分かる 175
小指はだめな指か——「平等」の本当の意味を知る 175
大木と下草は平等——いずれが欠けても世界は壊れる 177
手のはたらき——手という「宇宙」 179

「二つ」が「一つ」になる——＋と－が協力し、一つに溶け合っている 182

二つに分かれると不幸 182
車を動かすには、アクセルだけでなくブレーキも必須 183
正反対のものが一つに溶け合っている例——なぜうまく電気が流れるのか? 187
「一つ」の一般図式 190
勉強と遊びを一つにする 191
成功した講演会は一つになっていた 192
コラム カール・セーガン博士の名挨拶「一つ」 194
矛盾表現を理解する助け——Xでもないし、Xでないものでもない 195
仏教は、なぜ矛盾した表現をするのか 197
「一つ」にとらわれると「二つ」になる 199
大事なところに付せんを付けたら全ページになってしまった 201
地球は丸いので 202
白と黒は同じ色 203

第五章 自己と仏道 205
自分を学ぶには、自分を忘れる 206
我さえなくなれば 207

無我と我慢 208
どこまでが自分で、どこからが他（人）か 209
アフリカのライオンが自分の体になる 213
「自分」とは、密度が濃いところ 216
「個」があるわけ 218
宇宙まで広がった自己――もっとも健全な状態 222
自・他のどちらがなくなっても同じ理想 226

お子さんの日常 227

うぬぼれないで自信を持つ 227
コラム 四句分別 229
他人の評価で自分の値打ちは決まらない 230
自分勝手な考えや行いをしない 233
自分の過ちはすなおにみとめて謝る 234
よい結果は人のせい、悪い結果は自分のせい 235
すべてに思いやる気持ちを 236
すべてに感謝する 237

あとがき　238
索引　242

図表作成　ホリウチミホ
イラスト　村山宇希(ぽるか)

第一章
仏さまとは、仏教とは

さっそく、わたしたちの心を穏やかにしてくれる仏さまというものは何か、仏教というものは何かについて、お話ししていきましょう。仏教は、大昔から多くの人が取り組んでいるたいへん深遠なものであり、難しいとも言えます。だからこそ、本来、仏教の理解にはたいへんな時間と苦労を要するのですが、本書では、親がまず理解して、お子さんにやさしく説いていけるように、解説を進めます（もちろん、本書を、お子さんに直接、親から聞いたような気持ちで読んでいただけるように、とも心を砕いて書いていきます）。いずれにせよ、この「仏さま」「仏教」という大前提をまず知らなければ、本当に理解し、人に伝えることはできません。それに、仏教がいかに心の広い教義であるか、どれだけ魅力的な教えであるかが、ここを読めば分かるようにと思っています。

その前に前置きとして少々述べておきたいことがあります。本書の表題に「親子のための……」とありますが、ひとくちに子供と言っても、生まれたてのお子さんから大学生、社会人のお子さんまで、広い年齢層にわたります。それで本書は、いちおう理知が発達しかけた小学校五、六年生から中学校一、二年生くらいの少年少女を対象とし、そういうお子さんに親御さんが仏教の要点について分かりやすく説明される道案内を目指しました。そのくらいの少年少女時代から宗教心を養っておくことの大切さは、言うまでもないことでしょう。毎日手を合わせる習慣が身に付くだけでも情操的に好ましいことですが、加えて、一つでも二つでも仏教が説く道理を知ったならば、鬼に金棒です。その子たちが大きくなられたとき、仏教が好きだという人が増えるようにと、まただれもが豊かな笑顔を持てるようにと願っています。本書の目的もそこにあります。

底抜けの包容力――キリスト教を信じながらでも仏教はできる

しかし、時としてこんな反対意見に出くわすことがあります。

「大人になってから自分が気に入った宗教に入るのは、信仰の自由で、べつに構わない。だが、まだ考える力が未熟な子供に宗教教育を施すのは、問題である。子供に宗教教育を施す人は、自分の宗教が絶対に正しく他は間違っていると信じ込んでいるが、そういう人が純真な子供に宗教教育をすれば、洗脳になってしまうではないか」という意見です。

これはいちおうもっともに聞こえる意見ですし、数多くある宗教の内には、硬直してカチカチに凝り固まったものもありましょうから、この心配は無理もないと思います。しかし仏教についてこういう心配をされるのは、仏教の本当のところや、その包容力がどんなに大きなものであるかなどをご存じないからです。

仏教は最終的には「なにものにもとらわれない」柔らかい心を練《ね》り上《あ》げることを目標として

います。以下に仏教の達人たちの、とらわれない柔らかい姿勢の実例を三例あげて、それを示しましょう。

(一)神父さんが海禅寺に坐禅に来る

冒頭の序に代えてで述べた海禅寺(臨済宗《りんざいしゅう》、禅宗のひとつ)には、毎年フランスからカトリックの神父さんたちが、一週間泊まり込みで坐禅をするために何十人も訪れます。そして、日本人よりも熱心に坐禅をするのです。神父さんたちは瞑想《めいそう》を重要視していますから、坐禅は非常によい手本になるのでしょう。

住職の後藤榮山老大師《ごとうえいざんろうたいし》は、その間、寺の床《とこ》の間の掛け軸を十字架に掛け替えて迎え入れられ、神父さんたちは坐禅の合間に、寺の本堂でミサをやっています。そして老大師は「これからはキリスト教ではだめだから、仏教に宗旨替えせよ」などとはおっしゃらず、「坐禅をするとキリスト教の信仰が深まるからな」と言って坐禅の指導をされるのでした。

「『こうでなくちゃならん』ということを仏教ではいちばん嫌うからな」とは、老大師の言でした。これは仏教が大切にする、とらわれない姿勢の代表です。

(二)先代の住職がキリスト教を信仰していた

京都は大徳寺（やはり臨済宗）の中にある塔頭《たっちゅう》（小寺）大仙院《だいせんいん》を筆者が訪れ、有名なそこの石庭をご住職に説明していただいたことがあります。「あれは○○で、これは□□だ。そしてそれがマリアの像だ……」と説明して下さいましたが、そのときの筆者はまだ仏教を学ぶ前でしたので理解に苦しみ、「えっ、仏教のお寺にマリアさまですか？」と、いぶかしげに質問したのです。

ご住職は筆者を座敷に座らせて茶を一服点《た》てて下さりながら、「なーに、あれは先代の住職がキリスト教を信仰していたもんでな」と、こともなげに言われました。筆者はそのときキツネにつままれたような気がしましたが、仏教を勉強してはじめてそれが納得できたのでした。

(三)キリスト教を徹底的に学ぶことが仏教です

法華経《ほけきょう》をよりどころの経典《きょうてん》とする非常におだやかでまじめな、立正佼成会《りっしょうこうせいかい》という新宗教の大教団があります。そこのメンバーS氏が、米国へ留学することになり、庭野日敬《にわのにっきょう》開祖のところへ出発の挨拶に行き、そのついでにこう質問したのです。「私はこれから米国へ留学させて頂きますが、向こうはキリスト教ですので、キリスト教の勉強もしてきたいと思います。ついては、どの程度キリスト教を勉強してくればよろしいのでしょうか」と。そうしたら開祖から、「どの程度などというものではありません。徹底的に勉強してきなさい。それが仏教というものです」という答えが返ってきたということでした。

この三例とも共通して、キリスト教を否定してはいません。こういう姿勢は仏教になじみのうすい方には堕落と思われるかもしれませんが、仏教はひとつの主義主張に凝り固まって、他を排するというような狭い了見のものではありません。後で述べますが「一つ」にまとめることを極めて大切にします。他宗教を排斥すれば、たちまち「一つ」ではなく「二つ」に転落してしまうからです。ですから仏教は宗教戦争をしたことがありません。

ついでですが、「入信」という言葉があるせいか、信とは、ある特別な世界に入り込み、そこに捕まってしまうことだと誤解され、宗教に対するある種の用心を引き起こしていることが少なくありません。事実、オウム真理教のような危険極まりないインチキ仏教も出現したのですから、無理からぬことでしょうが、本来の仏教はそのようなものではありません。有りもしないものを信じることでも、洗脳でもなく、むしろ本当に広々とした世界へ出ることなのです。

序に代えてで述べましたように、筆者が仏教勉強会を続けている頃、親しい医師を誘ったことがありました。彼は筆者の熱心さを見て、「そんなに深入りすると出られなくなっちゃうんじゃないですか」と心配とも忠告とも取れることを言ってくれましたが、筆者はこう答えておいた覚えがあります。「出られなくなるようなものは仏教ではない。仏教はどんなところからでも出ることを教えるものだ」と。このことを後に後藤榮山老大師が聞かれ、「それは名言だった」とおっしゃって下さいました。自由自在は仏教の要です。出たいときには外に出て自由な身になれなければ、仏教ではないのです。

あるいは、こんな言い方もされています。「われわれ人間は知らぬ間に、自分で自分の心をロープでしばりつけてしまって、不自由になっているから悩むのだが、仏教をすると、そのしばっているロープがほどけるからホトケになれるのだ」と。このように、仏教は束縛《そくばく》を解《と》きほぐして、自由な身にしてくれるのです。

また仏教は深い大哲学に裏付けられていますから、俗に言う「イワシの頭も信心から」というような、いい加減な宗教ではありません。

このようなわけですから、どうぞ本書を読まれて、安心してお子さんに仏教を語ってあげていただきたいと念願します。前置きが長くなりましたが、本論に入ります。

宇宙のはたらき

目には見えませんが、わたしたち人間をもふくめて、この天地のすべてを作り、またそれらを動かしている「宇宙のはたらき」というものがあります。たとえば、わたしたちは、その「はたらき」によって作られて今ここにいるのです。

いや、そうではない。ぼくを作ったのはお母さんだ、という人もいるでしょう。たしかに、だれもがお母さんから生まれてきたことはまちがいありません。でも、君の手は二本ありますよね。それは、お母さんが二本にしようと思ったから二本あるのではありません。たとえ、お母さんが三本にしてあげようと思っても、君は二本の手を持って生まれてきたはずです。この、人間の手は二本ときまっているのは、「宇宙のはたらき」によるのです。

仏教が本当に分かるには、まず、この「宇宙のはたらき」というものを感じ取らなければなりません。これは「大自然の力」といっても同じことです（こう言った方がお子さんに分かりやすければ、これを使って下さい）。

この「宇宙のはたらき」によって、すべてのものは作り出され、それらが関係し合って動いているのです。お子さん向きの例をあげて説明しましょう。

鼻はなぜ口の上にあるのか

だれでも鼻は口の上に付いていますが、それはなぜでしょうか？　ふつう思いもしない疑問ですが、こういう疑問は、人体解剖をやってもわいてはきません。しかしロボットを作ろうとすると、鼻は息をする穴だとすれば、どこに付けるのも自由ですから、こんな疑問がわいてくるのです。そこで考えてみれば、われわれが口に入れようとする食べ物がくさっているとき、口の上で鼻がチェック役をしていて、悪臭に気づいて未然に防止してくれるのだと分かります。うまく出来ているると思います。

この「うまく出来ている」という点が大事です。うまく出来ているのは鼻と口だけではありません。人体のいたるところすべてがそうです。それは、宇宙のすぐれた「はたらき」によって人間が作られてきたからなのです。

目にまぶたがあるのに耳にはふたがないわけ

たぶんみなさんは、このようなことに気がつき、それを不思議だと感じられたことはないでしょう。しかしロボットを設計していると、そこに気づくのです。

目にはまぶたというものがあって、まぶしい光が入ったときとか、何か異物が目玉にさわりかけたときには、保護のためにそのまぶたを閉じますね。それならば、ドカンと大きな音がしたときや、小さな虫が耳穴に入りかけたときなどに閉じるふたが、耳にも付いていて当然なのではないでしょうか？　筆者は昔、自分が作るロボットには、目にはもちろん、耳にも自動的に閉じるふたを付けようと思っていたのでした。けれども人間の耳には、現にそのようなものは付いてはいません。人間は〝出来そこない〟なのでしょうか。「宇宙のはたらき」が足りなかったからなのでしょうか？

しかし筆者は、これには何か深いわけがありそうだと、考え直してみることにしました。宇宙のすぐれた「はたらき」が出来そこないを作ったとは、とても思えなかったからです。

そこでためしに、夜寝るとき、耳に栓《せん》をして眠ることをしてみたのです。すると、そんなことをすると危ないことに気づきました。夜中に火事や地震が起こったりすると、気づくのがおそく、逃げおくれることになりかねないからです。耳が利いていれば、逃げ出すことができたのに、栓をしたばかりに焼け死ぬということもあるでしょう。耳は体を守るためには、いつでも開いていなければならないと思い知らされたのでした。これが耳にはふたがない深いわけのようです。やはり宇宙のすぐれた「はたらき」は、人間の浅い考えを超えています。

花が咲くとき　ちょうが来る奥深さ

良寛《りょうかん》さまというお坊さんが作られた詩《し》に、こういうすばらしいのがあります（元は漢詩なので、筆者が読み下し文に直しました）。

花は無心《むしん》に蝶《ちょう》を招《まね》き
蝶は無心に花を尋《たず》ねる
花開く時蝶来《きた》り

蝶来る時花開く
吾《わ》れまた人を知らず
人また吾れを知らず
知らずして帝則《ていそく》に従う

この詩には、仏教についての大切なことがいろいろ盛り込まれていますが、そのうちここで注目してほしい点は二つあります。

第一は、花とちょうの関係です。花もちょうも「宇宙のはたらき」によって作られてきた生きものですが、一方は植物、もう一方は動物で、大きくちがっています。それなのに大地の上に現れてくる時は同じです。その仕組みはどうなっているのでしょうか。いや、時を同じくして現れてくるだけでなく、たがいに呼び合い、助け合っていますね。花は美しい花びらと、いい香りと、あまい蜜を用意してちょうを呼び、ちょうは蜜を吸い花の花粉を運ぶ、という呼び合い助け合いになっていますね。ここが「宇宙のはたらき」のすぐれたところです。すぐれているどころではありません。われわれ人間の考えもおよばない深遠な設計になっているではありませんか。「宇宙のはたらき」は、人間がロボットを工夫する知恵など問題にならないくらい、すぐれています。

もしも、花が咲いたとき、ちょうが来なかったらどうなるでしょうか。また、ちょうが来たとき、花が咲いていなかったらどうでしょう。これは話になりませんね。しかし人間が作ってきた文明は、この、話にならない低いレベルです。花とちょうの関係にくらべたら、ほんとうにお粗末です。その証拠に、今地球が危ないといって大騒ぎをしているではありませんか。

第二の注目点は、詩の最後の行にある「帝則《ていそく》に従う」です。この帝則こそ、ここで説明している「宇宙のはたらき」の姿なのです。これは後で述べる法則と同じものです。ですから、「知らずして帝則に従う」とは、こうしなければならないから、こうしているのだ、ではなく、知らず知らずのうちに法則どおりになっている、気がついてはいないが、法則から少しも外れてはいないという意味です。

この詩は、いろいろな意味で非常に美しい詩です。まず、どういった仕組みを経て、花というあんなにきれいなものが作られてきたのでしょうか。ちょうはなぜあのように上品で美しい大きな羽を与えられたのでしょうか。「花咲き乱れちょうは舞い」とは、夢の世界のようにきれいです。これは言うまでもありません。そしてさらに、花にもちょうにも、やってあげるとか、損得とか、たくらみという気持ちはまったくなく、「無心《むしん》」だという点が何よりも美しいのです。ちょうには、花に対してボランティアをしているという気はありません。人間世界ではボランティアはよいことになっていまして、ボランティアの中には、よいことをやっているという自負がある方もあろうと想像しますが、ちょうにはその気持ちさえもないのです（もちろん、ここでよいことを止めろと言っているのではありません）。この「無心で、何もない」点が、透明で澄んできわめて美しい、いや美しいというよりも神聖です。こうしてごちゃごちゃ説明することさえもがきたならしく感じられるくらいで、ただ、だまって手を合わせて拝むよりほかはないという情景です。

「宇宙のはたらき」とは、こうしたものなのです。以上三つの例から、「宇宙のはたらき」というものが何であるのか、筆者がここで何を言おうとしているのか、感じ取っていただけたでしょうか。静かに心を落ち着けて、右の例だけでなく、いろいろな自然を眺めてみて下さい。きっと分かっていただけると思います。

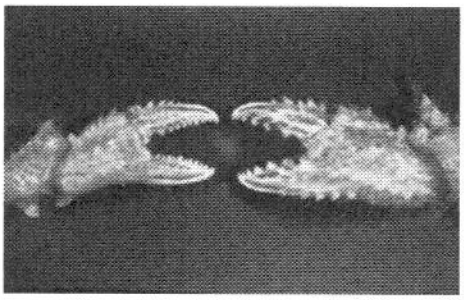
●カニのハサミの左右

コラム　カニのハサミの右左

上の写真はカニのハサミです。右と左の歯の大きさを見くらべてください。みなさんはこれまで気がついておられなかったと思いますが、あきらかに右の方が歯が大きく粗《あら》いですね。このわけはすぐに考えつくでしょう。そうです、右のハサミで獲物《えもの》をつかみ、左のハサミでそれをむしって口へ持っていくためなのですね。右と左で役割がちがっているのです。ちょうど洋食を食べるときのナイフとフォークの関係です。左右両方ともナイフでもフォークでも食べにくいですね。カニもうまく出来ているものです。これも「宇宙のはたらき」のひとつです。

真理《しんり》と法則《ほうそく》

ここで大切なことは、この「宇宙のはたらき」は、でたらめにはたらくのではなく、そこにはきちんとした「きまり」と、みごとな「すじみち」があるということです。

たとえば、子供は何年かたたなければ大人にはなれませんし、逆にいつまでも子供のままでいたいと願っても、だんだん大きくなって大人になります。これが「きまり」です。人間の手は二本というのも「きまり」です。

また、だれもが自分のことだけでなく、他の人の気持ちが分かるように努力すれば、友達が増え、学校に行くのも楽しくなり、不登校《ふとうこう》もなくなります。このように、こうなると次はこうなり、そうなると、さらにあのようになる、というのが「すじみち」です。きれいに筋がとおっているからです。この「すじみち」は、大人の世界でいう因果関係と同じものです。

この「きまり」や「すじみち」のことを**法則**《ほうそく》といいます。あるいはたんに**法**《ほう》ともいいます。

これは、勉強して分かってくると、美しく尊いものだと感じ、思わず頭を下げたいという気持ちがするようになります。今お話しした花とちょうの関係は、そのほんの一例にすぎません。また、この法則は、「宇宙のはたらき」の性質といってよいと考えます。

人間もふくめて、すべてはきれいにこの法則どおりに動いているのです。物が落ちるときは、重力の法則にしたがっており、電気はオームの法則のとおりに流れるのです。それ以外の落ち方とか流れ方はぜったいにできません。また物や電気だけでなく、わたしたちの心も、同じように法則にしたがっているのです。

この法則のことを、**真理**《しんり》とよぶこともあります。仏教のならわしでは、「法則」よりも「真理」という言い方をすることが多いので、以下この本でも、真理という言葉を使います。

真理の人、仏さま

ただ「仏さま」といってもその場その場に応じていろいろな意味の仏さまがありますが、大きく分ければ、次の二つです。

一．真理のこと

まずひとつ。今述べた真理そのものを仏といいます。この場合には、真理は法則と同じですから、その法を取って**「法身**《ほっしん》**」の仏**という表現をすることが多いです。

これは最も重要な仏です。このことが心底にドスンと収まっていることが仏教の基本です。これまで長々と「はたらき」とか「法則」とか「真理」について説明してきたのはそのためです。これは肉眼では見えませんが、あることはたしかです。宇宙のいたるところに満ちています。またたれの心の中にもあります。しかもこの真理は永久に変わりません。分かってくると、これほど美しく尊いものはないという気がして、手を合わせて拝みたくなります。

二．人の姿をした仏さま

もうひとつ、その真理のとおりに行動できるようになった人を、仏さまと呼びます。

ふつう、人は、天地のすべてが真理にしたがって動いているということに気がついていません。それどころか、真理というものがあることさえも知らない人が多いのです。つまり「無知」なのです。ですから、何かをしようとしても、そのくわだてが真理から外れたものになることが少なくありません。しかし真理はそれをゆるしませんから、人間は悩《なや》んだり苦しんだりすることになってしまうわけなのです。

しかし人は、修行《しゅぎょう》をして、心を底の底から清らかに透明にし、知恵をはたらかせると、この真理に気づきます。いや気づくだけでなく、こういう人の行動は真理のレールに乗って、真理から外れることなく、すらすらと行きます。こうなった人を、真理を身に付けた人といいます。

これが悟った人なのです。こういう方は人間の理想であって非常に尊いので、敬って仏さまと呼びます。その代表がお釈迦《しゃか》さまです。

お釈迦さまは、今から約二千四、五百年ほど昔、苦難の後にこのような真理を身に付けて悟られた尊いお方です。ですから仏さまといったばあい、お釈迦さまのことを指すことが多いです。木などに彫刻した仏像では、お釈迦さまを表しているものが少なくありません。

お釈迦さまは、実際にこの世にお生まれになった方です。しかし仏教が発展する歴史の中で、昔の人々は必要に応じて、お釈迦さまのほかにも、いろいろな仏さまを立ててきました。そういった仏さまたちは、実際にこの世にお生まれになったのではありませんが、真理を背負った人間の最高の理想としてあがめられる方々です。これらの仏さまは、いろいろなお経《きょう》を通して知ることができ、また仏像として、お寺やお仏壇に安置してあります。

その中で、私たちにいちばん身近な仏さまは阿弥陀《あみだ》さまでしょう。正式には阿弥陀如来《あみだにょらい》とお呼びします。このほか、薬師如来《やくしにょらい》とか大日如来《だいにちにょらい》とか、たくさんの仏さまがあります。

なお、仏教では真理のことを「如《にょ》」とも言うことがありますから、如来は真理から来られた方という意味で、仏さまのことです。

（また、死んだ人、なくなった方を仏ということもありますが、これはお寺が葬式をするようになってからのことで、これからお話しする仏教に直接には関係しませんので、本書では説明はやめます。）

救う人、ボサツさま

仏教には「仏」のほかに「菩薩《ぼさつ》」が大切な人として登場します。この漢字はむつかしいので、お子さんは、仮名で「ボサツ」と覚えられればよろしいでしょう。

修行《しゅぎょう》をし、仏教を学んで、少しでも仏さまのレベルに近づこうと努力することを、「仏道《ぶつどう》を歩む」と言います。

ボサツとは、仏道を歩みながら、人の苦しみを抜き去ったり、助けたり、いっしょに仏道を歩もうと誘ったりして、その人を悟りにみちびくように尽《つ》くす人を言います。

ボサツにとって、とりわけ大切な条件は、人を救うということです。どんなに高いところにまで仏道を歩んでも、人を救うことをしない人はボサツではありません。しかし、たとえ十歳の少年少女であっても、自分が悟るよりも先に人に悟ってもらおうという気持ちを起こして実行すれば、その少年少女はボサツです。そのような気持ちは非常に尊いもので、たとえ年少でも、一般人の模範であり先生です。読者のお子さんたちにもボサツになっていただきたいと強く望みます。

別の言い方をすれば、ボサツは仏さまの候補者です。ですからボサツの中には、仏さまとほとんど同じレベルの高い境地を持った方がたくさんおられます。お経をひもとけば、たくさんのボサツさまが目に入ります。むしろ仏さまが姿を変えてボサツとなり（化身《けしん》という）、人々を救うために現れたとされている場合も少なくありません。たとえば観音《かんのん》さまです（観音さまの正式の名は観世音菩薩《かんぜおんぼさつ》です。また観自在菩薩《かんじざいぼさつ》とも申します）。京都の三十三間堂には千一体もの人間と同じ大きさの（ただしそのうち一体は大きい）千手観音《せんじゅかんのん》の像が並べられて、その前に立つと、えもいわれぬ、おごそかで有《あ》り難《がた》い気持ちがわきだしてきます。

さらに身近なボサツとしては、お地蔵《じぞう》さまがあります。お地蔵さまを石に彫《ほ》った像は、町や村の道角などでよく見受けられますね。

また格の高いボサツとして、文殊菩薩《もんじゅぼさつ》や普賢菩薩《ふげんぼさつ》がよく知られています。

ひとことで仏像と言うときには、先に述べた仏さまの像に加えて、これらのボサツさまの像もふくめて言うことが多いです。

仏像を拝むときの注意――お願いではなく感謝

仏像を拝むことは偶像崇拝《ぐうぞうすうはい》だから、仏教は正しくない宗教だと悪口を言う人がいますが、その人は、その仏像をとおして、先に述べた「真理の仏」つまり「法身《ほっしん》の仏」を拝むことだということが分かっていない人です。

ですから、誤解しないで、しっかりとおぼえておいてほしいことは、仏像を拝むとは、人間がでっちあげた人形を拝むのではなく、仏像をとおして美しい法則や、最高に清らかな心を拝むことだ、ということです。

仏像を彫る仏師《ぶっし》は、一彫りしては三回拝みながら彫ったと伝えられています。ですから、一体の仏像が出来上がるまでには、何万回、何十万回と拝まれたことでしょう。とくに昔からある古い有名なお寺の仏像は、歴史をきざむ間に、はかり知れないくらい多くの参詣者に拝まれ、その人々の思いが込められ、救いが与えられたわけですから、皆さんも心して拝んで下さい。

これが第一の注意点です。

次の注意点は、仏さまを拝むとは、願いごとをかなえてもらうように拝むのだと、思い込んでいる人が非常に多いということです。願いごとの中身によっては、これは間違った態度になってしまいます。

たとえば、明日AチームとBチームの試合があるとしましょう。そのとき、Aチームは「Bチームを負かすことができるように」と拝み、Bチームは「Aチームが負けますように」と祈ったとしたならば、仏さまはどうされるでしょう？　さらにひどいのになると、「明日泥棒に入るのだが、巧く成功できますように」などと拝む例もあるということです。その拝み方、祈り方は、わがままな身勝手を頼んでいるだけで、仏さまがそんな願いを聞いて下さるわけはありませんから、間違っています。仏教はそういう教えではありません。

同じ願いごとでも、船長が航海の安全と無事を祈るために拝むというのならば、それは身勝手ではありません。しかし、祈ったからといって、仏の力で途中に現れた台風が消えてなくなるということはないはずです。台風も仏の現れのひとつですから。しかし合掌《がっしょう》（手を合わせること）すれば心が落ち着きますから、船のあやつり方からうぬぼれが消え、船長は注意深くなるので、その結果、航海が安全にゆく――というのは理にかなっています。

小さなことですが、筆者の経験では、仏壇の前でリンをチーンとたたいてしずかに手を合わせると、ヒョイと大切な忘れ物を思い出すことがしばしばあります。そのおかげで、その日一日を棒に振らずにすみます。きっと仏さまを拝んだことによって心のはたらきが広がったからでしょう。これは理にかなった実際の御利益《ごりやく》です。

筆者の祖父の母は、寺から嫁に来た人でしたから、宗教的にもきびしいところがありました。夕方仏壇の前で手を合わせていると、「お願いではなく、感謝だよ」と、しばしば忠告してくれました。ですから、たとえ「病気が治りますように」というさし迫った願いであっても、それよりも「おかげさまで今日一日生きていられました」という感謝の祈りの方が上等です。「世のため人のためにこういうことをさせていただけたのも仏さまのおかげです」という感謝ならば、さらに上等です。

筆者の場合、毎日仏壇の前で手を合わせるとき、その日その日によって、微妙に心は変わります。これも礼拝《らいはい》の楽しみのひとつです。

拝むときの心の持ち方の最高は、なんといっても「無《む》心《しん》」です。何も思わず、何も考えず、ただ両手を合わせるというのが、いちばんよろしい。清らかでけがれがありません。このとき仏様と自分とは「一つ」にとけ合っています。

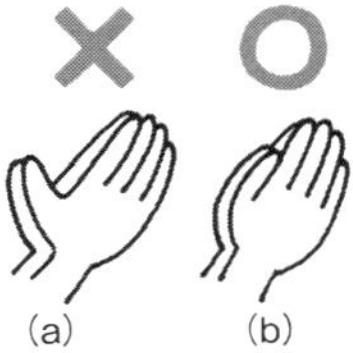

●手の合わせ方

コラム 手の合わせ方

手の合わせ方について、注意をひとつ述べておきます。合掌したとき、上図(a)のように親指が離れている人が少なくありません。筆者も昔は気づかずにこのような合掌をしていましたが、老大師から注意をうけました。(b)のように親指も離さずに両手全体が「一つ」にまとまることが大切です。後で説明しますが、この「一つ」こそは仏教のいのちだからです。いや、そんな理屈よりも、実際にやってごらんになれば、(b)の方が(a)よりも心が落ち着きます。

人間は二本足だから合掌するのだ

筆者は、ロボット工学から見て、人間は合掌しなければならないが、犬はしなくてもよいと考えています。だいいち犬は合掌しなくてもよいどころか、そんなことはできませんね。前にのめってしまうからです。

生まれたての赤ちゃんをお風呂に入れてやるとき、赤ちゃんは不安がってあばれますが、ガーゼとかタオルとかを両手に握らせてやれば落ち着いて静かになります。この事実をヒントにして考えたことですが、どうやら人間という動物は、手のひらに何も持たず手放しの状態のときには不安で心が落ち着かないようです。両手を組めばいくらか落ち着きます。

人間の古い祖先が四つ足だった頃は、前足も後ろ足も大地に着いていたので心が落ち着き、悩みも少なかったのではないでしょうか。

それが、立ち上がって、前足が手になったときから、つまり前足が宙に浮いたときから、人類は心の落ち着きというものを失い、悩みも増えたのであろうと想像します。

そう直感して、筆者はいろいろ試みてみました。左足の裏と右手のひらとを合わせてみて、心がどう感じるかとか。また両足の裏を合わせて、つまり足の合掌をして、どんな具合かなど。で、けっきょくは両手のひらを合わせる合掌が最高だという結論を得たのでした。

要するに、前足の宙ぶらりんを防止して心を原始の落ち着いた状態にするというのが、合掌の生理学的な意味のようです。そこで「文明の危機を救うのは合掌から」という標語が生まれそうです。全人類が合掌する——すばらしいことではありませんか。

仏教とは宇宙の真理である

仏教とは、仏さまの教えです。また同時に、仏になるための教えでもあります。つまり、それを聞いて実行すれば、人間が仏になることができるのです。これは、苦しんでいる人々からその苦しみを取り去り、また人間を気高くする、ひじょうに有り難く尊い教えです。

その大本は、お釈迦さまが大変な苦労をされて見つけ出され、つまり発見されて、それから説《と》かれるようになりました。

ここで大切なことは、発見されたのであって、発明されたのではないということです。宇宙の真理はお釈迦さまがこの世に出られるずーっとずーっと前からあったのですが、それを人類のだれもが気づかないでいたところ、お釈迦さまがはじめて見つけだしてくださったのでした。

ですからお釈迦さまは人類の大恩人、大先生です。この意味で、仏教は、お釈迦さまのイデオロギー、つまり釈迦主義ではありません。主義というものは、かならず反対意見が現れて対立、抗争に至るものですが、仏教にはそういうことはありません。宇宙の真理ですから、反対意見など出しようがないのです。仏教が宗教戦争をしたことがないのは、そういう理由によるところが大きいと思います。

「仏教は有《あ》り難《がた》い教えだ」などと、仏教では「有り難い」と、しばしば言います。この有り難いは、英語のThank you（サンキュー）というお礼とは意味がちがうのです。

これは「有《あ》ることが難《むつか》しい」、つまり「出会うことがむつかしい」という意味です。

これについて「盲亀浮木《もうきふぼく》」というたとえがあります。この盲亀《もうき》とは目が見えないカメで、浮木《ふぼく》とは水に浮かんだ木のことですが、こういったたとえ話です。

「太平洋のような大きな海に住む目が見えないカメが、百年に一度海の中から頭を出したところ、そこへ波のまにまにひとつの穴のある木が流されてきて、ちょうど偶然にカメがその木の穴に頭を突っ込む」という、非常に起こりにくいことを言っているのです。有り難いとはそういうことで、仏教に出会うことの難しさをたとえているのです。これは後に、めったにない幸運にめぐりあうたとえにも使われるようになりました。

お釈迦さまのお生まれはネパールとインドの境近くですが、その教えは、心ある人々によって、インドから中国や朝鮮を通って、日本に伝わり、そのあいだに、その教えを受けついだ人々によって、深められ広められてきたのです。これらの伝え、広め、深めた人々は、すべて、人々のため後世のためにと、命がけだったのです。

いっぽう、仏教は別のルートを通って、スリランカやチベットにも伝わっています。

仏教には非常にたくさんの教えがあります。その教えの一つ一つは、どれもが真理（法則）に入る入り口（門）という意味で、「法門《ほうもん》」と呼ばれます。この本は、そのうちの大切な法門を、かいつまんで説明したものです。お子さんたちもこの本に書いてある法門を身に付けて実行されれば、仏に近づくことができるので、きっと人生が清く美しく楽しくなりますよ。

第二章　仏教をすると何がよくなるのか

本当に伝わる仏教を

はじめにお父様、お母様方にお話ししておきたいことがあります。

第一章で述べたように、修行《しゅぎょう》をし、仏教を学んで、少しでも仏さまのレベルに近づこうと努力することを、「仏道を歩む」と言います。それで仏道を歩めば、それなりのよい報いが与えられます。これを仏教用語では「功徳《くどく》」と言います。俗にいう御利益《ごりやく》と言ってもよいでしょう。

ふつうだれもが自分が功徳が欲しく、功徳を求めて仏道を歩みますが、そういうのは本当を言うと邪道なのです。**第五章**の**自己と仏道**が分かっていただけると、このことが理解できますが、功徳など念頭から消して、あるいはむしろ、自分よりも他人が功徳を得られるようにと念じて、ひたすらに仏道を歩むことが大切です（逆説的ですが、そのときにいちばん大きな功徳が与えられるのです）。

しかし、このような正論を、はじめからお子さんに言っても通じないでしょう。ともかく今の段階では、お子さんにとって仏教が分かりやすく魅力あるものでなければなりません。それでお子さんを引き付ける方便《ほうべん》（仮の手段）として、本章では以下に仏道を歩む功徳を並べ立てて、コメントを入れ、お子さんへのお話の助けとすることにします。

1．顔がよくなる

仏道を歩むと、その人に気品がそなわって、よい顔になります。

しかし、これは半年や一年でそうなるものではありません。人生ズーッと仏教に親しんでいくと、ひとりでに身に付いてくることです。人間四十歳を過ぎたら自分の顔に責任を持てと言われているように、子供時代から大人へと育っていく間の心の持ち方が、顔の上に影響するのです。清らかな悩みの少ない心を持ち続ければ、よい顔になります。三十年、四十年と仏教をしている（信心《しんじん》している）人は、一目見ただけで分かるようになります。

ただし、ここでいう「よい顔」とは、かならずしも美人コンクールでいうようなよい顔ではありません。人間の顔には、「生まれつきの部分」と、その後の「育ちの部分」とがまざっていますが、この後者の育ちの部分が、人の顔の品をよくするものなのです。女性ならば、にこやかな、だれからも愛されるよい顔になります。男性ならば、親しみが感じられる、愛情に満ちた、いかにも味のある、男らしい顔になります。

悩んだときや怒ったときには、顔の筋肉が動いて、苦しそうな顔、キツイ顔など、それなりのみにくい顔になりますが、そういうことがつねに続くと、そこの筋肉が発達して、いつの間にか、みにくい顔が出来上がってしまうのです。これはこわいことです。子供には見られませんが、大人ですと、眉間《みけん》に八の字がはっきりと現れている人が少なくありません。しかし仏道を歩んでゆくと、そのような悩ましい顔にはなりません。

ちなみに、仏像のお顔を眺めてみれば、仏・ボサツには眉間に八の字があるようなお方はおられません。それどころか、仏・ボサツの眉間には（宝石の）玉があって、そこから光が出ているような感じさえうけるではありませんか。人間でも仏道によって、眉間から光が出ているように思われるりっぱな顔になることもできます。仏・ボサツのお顔は理想的なものです。拝みたくなるような、愛情にあふれた、しかもおごそかで気高《けだか》い、ととのった美しいお顔をしていらっしゃいます。

少年少女のころから仏教に親しんでゆくと、情け深さが身に付き、感謝の気持ちも大きくなりますから、そのようなよい顔に近づくことができるのです。事実、坐禅をしたり、お経を読んでいるときには、自分でも眉間から八の字が取れたような感じがします。

2．物と話ができるようになる――「捨てる」ことの本当の意味を知る

あなたはドアの蝶番《ちょうつがい》に油を差したことがありますか？　おそらくなかろうと推察します。ドアの開《あ》け閉《た》てでキーッときしみ音がする。それはドアが「油がほしい！」と叫んでいるのです。「あ、そうかそうか」ということで油を一滴差してやると、きしみ音は消え、ドアはいともスムーズに開閉できるようになります。ドアが「ありがとう！」と（無言で）言っているようで

す。これをドアとの話し合いと言います。

（注意：断っておきますが、これは、ありもしない声が聞こえる精神病や、霊能者のようなことを言っているのでは決してありません。健全で正常な感覚の極致を述べているのです。この点くれぐれも誤解のないようにお願いします。）

仏教をすると、このように物の（声なき）声が聞こえるようになります。これは非常に大きな功徳です。

筆者は技術者です。別の言い方をすれば「物作り屋」です。物作りでは物の声を聞くことが、よい物を作る必須条件になります。

たとえば、夏目漱石の著作に『夢十夜』というのがありますが、その第六夜に、「（仏像彫刻の名人）運慶《うんけい》が仁王《におう》像を彫《ほ》っている。その姿を見ていた自分は、隣の男が『運慶は、木の中に埋まっている仁王を掘り出しているだけだ』と言っているのを聞いた」という意味のことが書いてあります。

このように、彫像の名人になると、作品を彫るというよりも、木なら木の余分なところを取り去るだけと言った方が当たっているのです。名人は素材としての木の中にすでに仏を見ており、木が名人に、「ここを取れ」「あそこを除け」と語りかけてくる。名人は言われるままに、そこを取り去ったり除いたりする。そのうちに木が「もういい」と言う。そのとき仏像は完成というわけです。こういう姿勢は名人の悟りの境地なのです。

自分（名人）の方から外（木）へ向かってゆく姿勢（作ろうとする）は迷いであり、外（木）の方から自分（名人）の方へ向かってくる状態（掘り出してくれと言ってくる）が悟りなのです。

（参考：お子さんには難しすぎますが、道元禅師《どうげんぜんじ》の金言《きんげん》に「自己をはこびて万法《まんぼう》を修証《しゅしょう》するを迷とす、万法すすみて自己を修証するはさとりなり」とあるとおりです。このことを分かりやすく言うと右のようになるわけです。ここで万法とはすべての存在のこと、また修証とは、修行によって悟り（証）を得ることを言います。）

第一章で説明したように（第一章29ページ）、すべての物は「宇宙のはたらき」によって作られて今そこにあるのです。したがってすべての物――石ころひとつにいたるまで――の中には真理が入っています（仏教の専門用語では「仏性《ぶっしょう》」〈仏になることができる性質〉と言います）。もちろんそれらは、耳の鼓膜を振動させるような音波は出しませんが、真理という声なき声を発しているのです。問題はその声を聞くことができるかどうかです。それは仏道の歩みのていどにもよりましょうが、この声を聞けるようになると、心はほんとうに豊かになります。とにかく、これだけたくさんの物に囲まれて私たちは生活できているのですから。たとえ家族が亡くなってひとりぼっちになったとしても、物とのこの会話ができる人は、さびしくも孤独でもありません。さびしいから自殺しようなどと考えるのは、とんでもないことです。

物作りは、道具や機械との会話、材料との話し合いなのです。しかも物の方から語りかけてくる。蝶番に一滴の油を差すだけでも、今述べたような簡単な会話ができるのです。ましてや物作りとなったら、その会話はすばらしいものです。いや、物作りだけではありません。人間すべては物の世話になって生きていられるのですから、どの人も物の声を聞く必要があると考えます。そして無言でもよいから物に礼を言う。

気持ちがこのレベルまで行ってはじめて、「捨てる」ということの意味が本当に理解できるのです。捨てるとは、ただ要らなくなったからあっちへやってしまうとか、じゃまだから外へ押し出すのではありません。捨てるとは世話になった物との告別です。ですから捨てるに際しては、それなりの気持ちを持つべきでしょう。合掌してから捨てる。場合によってはお経を上げてから別れるのが仏教的です。しかも執着《しゅうちゃく》なくあっさりと別れることが最高です。

3．人の気持ちが分かるようになり友達が増える

前記のように、仏教をすると物の気持ちが分かるようになりますから、とうぜん、人の気持ちもよく分かるようになり、自分本位でなく、相手の立場に立つことができるようになります。情け深くなります。とくに大切なことは、人に尽くそうという気持ちが起きることです。

すると、ひとりでに友達が増え、友達が増えれば学校へ行くのも楽しくなります。

4.やらされているという気持ちがなくなる

禅宗には「随所《ずいしょ》に（いたるところで）主となる」という大切な教えがあるくらいで、仏教では主体性ということを重視します。これは、「自分がいつでも、どこでも、心の主人公になることを忘れるな」という意味で、これをやさしく言い換えれば、「やらされているという気持ちがないことが大事」だ、となります。あるいは、「自《みずか》ら進んでやる気がある」ということです。

人間、何をするにも、仕方なしにやらされているという気持ちで事にあたるとみじめです。成果も上がりません。会社での仕事の場合でも、同じことをしても、やる気があってする社員と、給料をもらうためにいやいや仕事している社員とでは、成果が何倍もちがうと言われています。

考えてみれば、ひとりの例外もなく、自分がこの世に出てきたいと思って生まれてきたのではありません。しかし、生まれてきたからには生きてゆかなくてはなりません。問題はその生きてゆくことが楽しいのならばよいのですが、現実にはいやなこと、したくないこと、ままならないことが多すぎるということです。しかも成長して大人になれば、さらに生きる悩みや困難が増えてきます。人間が生きるとは悩むことだと言うくらいです。

それならば、いっそ死んでしまおうと思う人もありましょうが、人間は死ぬのは本能的にいやなのです。

つまり、ほとんどの人が、「生きるのもつらい」、といって「死ぬのもいやだ」という、矛盾した苦しい立場に立たされて生きているのが本音ではありませんか。言い換えれば、この世はわが世ではないのです。思うようにはいかないのですから。

追いつめられた立場に立つと人間は開き直ります。そこで、開き直って発想を百八十度転換するのです。どのように発想を変えるのかと言えば、「本来は、自分のものでないこの人生を、自分のものと考える」のです。これが仏教です。ここに頭の柔らかさが求められます。すると、やることなすことが楽しく面白くなります。万事について、やらされているという気持ちがなくなるのですから。このことを「人生を遊ぶ」と言います。

仏教ではこの意味での「遊び」を重視します。

コラム　遊びの本当の意味――遊びは〝高級〟なこと

子供さんたちが遊んでいます。その子たちの中に、「自分は本当は遊びたくなんかないのだけれど、お母さんが遊んできなさいと言うので、仕方なしに遊びに来た」という子はひとりもいないはずです。つまり、遊びは自主的なものなのです。何をするにしても、自《みずか》ら進んでわがこととして行えば、それはすべて遊びになります。

お経には「遊」という文字はここかしこに出てきますが、仕事という言葉は見あたりません。たとえば観音経というお経では、苦しむ人々を救済されるのは、観音さまにとっては仕事ではなく遊びなのです。遊びは高級なことです。つまり仏・ボサツにとっては、救済は頼まれごと、他人ごとではなく、わがことなのです。この点、現在の常識――仕事の方が遊びよりも上――とは、まったく趣を異にします。

この意味で、私たちは「人生のすべてを遊べ」と教えられます。勉強も、仕事も、家事もすべてを「遊び」にしてしまうのが仏教的な生き方です。もちろん仏教そのものも遊ぶがよろしい。

5. 楽に我慢ができるようになる――死にたいと思ったら

さあ、いよいよ、本書のサブタイトルにもある「我慢」です。

人間が生きていく途中には、つらいことがいっぱいあります。そのときに「我慢」しなければならない場合や、怒ったりやけくそになったりするよりも、「我慢」した方がずっとよい場合にでくわします。お子さんにとって身近な例は「いじめ」にあうことではないでしょうか。

いじめの結果、自殺する子供が増えているのは、ほんとうに痛ましい話です。

そんなとき、手を合わせて仏さまを拝むと（そういう動作をするとさらにいじめられる場合は、心の中だけで拝むと）、とりあえずは仏さまが付いていてくださるという思いから、しんぼう強くなります。

さらに後に説明するように（第三章98ページ）柔らかい考え方ができるようになるので、ものごとの見方が変わります。もちろんそれには、知恵をフル回転させて柔らかい考え方を身に付ける必要がありますが、すると、怒ったり悲観したりしていた自分の心を見直すようになって、腹立ちが自然に治まってしまいます。心は楽になります。仏教では、腹立ちは心の三つの猛毒（三毒《さんどく》という）のひとつとされており（第三章78ページ）、その毒が消えるのですから。このことは長い生涯で、どれだけ多くの幸せをもたらすか知れません。

しばらくして反省すると、「ああ、あのとき怒らなくてよかった」「自殺しなくてほんとうによかった」と思います。

仏さまは、我慢の知恵と力を与えて下さるのです（60ページコラム参照）。

もちろん、我慢といっても、いろんな感情がありますので、感情の種類の分だけ、我慢にも種類があります。ここで、ひとことで楽に我慢ができるようになる、と書きましたが、じつは、「我慢」ができるというのは、心全体をコントロールできる、という、とても大きな話なのです。心のコントロールについては、第四章で、詳しくまた解説します。

コラム　仏さまが与えてくださるということの意味

肝心なことですが、仏さまが、我慢の知恵と力を与えてくださるといっても、「自分を離れて外側におられる不思議な力（神通力）を持った方（仏）が、電波のようなものを出して知恵や力をくださるのだ」などと早合点してはいけません。そういう安易な拝みや信仰のあり方も、悪くはありませんし、現実には少なくありませんが、本当はそうではなくて、仏道を歩む者の純粋な心が宇宙の真理に感応して真理のレールに乗るから、知恵がわき、力が出るということなのです。

6.滅入ったとき、逃げ出したくなったとき、泣きたくなったときの助けになる

右と同じ理由で、仏教をすれば、滅入ったときには奮い立つ力が、また、逃げ出したくなったときには立ち向かう勇気が、泣きたくなったときには納得と元気が得られます。すなわち、これも我慢のひとつです。

7.ひねくれない、すなおな心になる

人間は「自分が大事」という気持ちが強いので、「これは自分が損をすることになるのではないか」、あるいは、「あの人は表向きはあんなことを言っているが、本当の気持ちは自分をだまそうとしているのかもしれない」などと、何かにつけて疑いの目や悪い解釈で他人を見る人があります。そういう人は、いかにも用心深いように思われますが、じつは、ひねくれた心の持ち主です。逆にそういう人に限って落とし穴にはまりやすいのです。それは、自分本位という気持ちが心の目をくらませるので眼力がにぶるからです。

仏道を歩むと、心が清らかになってきますので、疑いの目で人を見なくなります。そして人間の欲望というものはこういうものだという勉強ができます（自分の欲望も含めて、欲望というものを客観的に眺める修練ができます）。ここから思いやりの心も芽生えてくるのですが、同時に、人の気持ちを深く見抜く力も付いてきます。たとえば「この人はこんなことを言っているが、なんのことはない、自分の欲望に振り回されているだけだなー」と分かるようになってきます。ですから一見、人がいいように見えてもだまされにくくなります。だまされないどころか、そういうことを言う人に対して、哀れみをいだくまでに成長できるのです。

8.心が、静かで、安らかになる

仏教では、しばしば心を池の水面にたとえます。波はもちろん、さざ波さえもがまったく立たなくなって鏡のように平らになった水面が「仏の心」だと言います。このときになってはじめて、真理をゆがめず、ありのままにその心の上に映し出すことができると言うのです。仏道を歩むとは、水面の波を静める行いだと言ってもよろしい。

ふつう、われわれの心は波立っています。怒ったり、悲しんだり、バカ騒ぎをしたりすると大波が立ち池は荒れます。仏道を歩めばその波が消えるのですから、心はほんとうにおだやかで静かになります。当然、安らぎが得られます。

また、仏教はなにものにもとらわれない心を作り上げることを目標としますから、仏教をすると、とらわれのないあっさりとした心になります。

9.ゆたかな気持ちになれる——若いときは、貧相な心の旅の途中

その理由は筆者にはまだよく分かりませんが、人間は生まれたときは、だれもが精神的には富豪の家に生まれているのです。それが、物心がついてくると、せっかくお金持ちの家に生まれながら、ひとりでに家出して、精神的に貧しい流浪の旅に出てしまうというたとえが法華経《ほけきょう》にあります。少年期の終わりから青年期にかけて、いろいろ問題を起こすのは、心がこの流浪

の旅の途中で貧相な状態にある証拠です。仏教はこの家出人間をもともとのゆたかな実家へ連れもどすことを目的にしている、と言うこともできるのです。

ですから仏道を歩むと、ケチでなくなり、思いやりが深くなり、感謝と喜びがわき、「しっと」や「ねたみ」がなくなり、いじめの気持ちが消え、心が楽になり、心があたたまるのです。

10．一生懸命の姿勢が身に付く

第三章（第三章105〜108、123〜130ページ）で説明しますが、精神集中は悟りに至る仏道の重要な行《ぎょう》です。ですから仏道を歩めば、ひとりでに集中力が付き、勉強も能率が上がります。ぼんやりと長時間机に向かっているよりも、短時間で同じ量をこなすことができるようになります。

11．大きな勇気が出る

仏道を歩むと、腹がすわります。とくに坐禅を続けると、腹式呼吸のこともあって、下腹に力がこもります。すると、いざというときにも、心が落ち着いて、ものごとに動じなくなるのです。つまり恐れがなくなり、安心できるようになります。

また、人のためになるようにという使命感もわき出しますから、勇気がみなぎってきます。

12. いばらなくなり、友達が増え、人生が発展する

まず第一に、人間は、一人一人顔も性格もちがいます。また、動物でも植物でも、こまかに見れば千差万別で、同じものはありません。しかし、これは目に見える表に現れた姿で、それを作り動かしている「宇宙のはたらき」は、ただ一色《ひといろ》の完全に平等なものです。仏教では、この大本の完全平等を大切にします。

第二には、**第四章の紙が鉄を切る――すべてはすべてに関係している**、あるいは**第五章の自己と仏道**、が分かっていただけると理解できますが、仏教では、「自分は宇宙のすべてのものに生かされている」ことが分かりますから、すべてのものに感謝し頭を下げる気持ちが養われます。

第三に、前記の**2. 物と話ができるようになる**で述べたように、すべての人に、仏になることができる性質（仏性《ぶっしょう》）があることが分かるので、他人を見下すことはなくなります。それどころかすべての人を拝む気持ちさえ出てきます。

この第一、第二、第三によって、いばる気持ちは消えてしまいます。

いばらなければ、とうぜん人は好ましい感じを受けるので、友達が増え、人生は発展します。

さらにいばらないどころか、人のために尽くそうという気持ちさえわいてきます。

13.心が柔らかくなる、頭も柔らかくなる

仏教は柔らかくなる教えでもあります。固く太い木はいかにも丈夫そうですが、台風が吹くと、根こそぎ倒されることもあります。しかし柳の枝は柔らかく弱そうに見えますが、大風でもなびくだけで折れたりはしません。つまり柔らかい方が丈夫なのです。

正法念処経《しょうぼうねんしょきょう》というお経には、「心が柔らかいことは金《きん》のように尊い」とか、また「心が整《ととの》うと、やることなすことすべてが柔らかくなる」と書いてあるくらいです。

たとえば、心が柔らかいと、広い気持ちでこだわらずに相手を受け入れることができるので、人間関係が発展します。

とくに仏教で大切な点は、きらいでいやな人、自分に危害を加えようとする人、あるいは危害を加えた人に対する心の持ち方です。はじめのうちはとてもできないと思いますが、そういう人にも仏性《ぶっしょう》があることが分かってくると、そういう人に対しても拝む心を起こすことができます。実際に拝まなくても、拝むのと同じ心を持てばよろしい。

法華経《ほけきょう》というお経に書いてありますが、常不軽菩薩《じょうふきょうぼさつ》というお方は、「人の仏性を拝む」というただひとつの行いをつづけることで、自分も悟り、多くの人も悟りへと導かれたということです。その常不軽菩薩《じょうふきょうぼさつ》はだれに対しても「私はあなたを軽んじません。あなたはかならず仏になれる（仏性がある）方だからです」と言って拝みました。ふつうの人はその意味が分からな

いので「ばかにしている」と怒って石を投げつけたりしました。菩薩《ぼさつ》は逃げはしても、遠くの方からその人を拝むのでした。これは物語ですが、この常不軽菩薩《じょうふきょうぼさつ》はお釈迦さまの前世の姿だったということです。

さらに、頭が柔らかければ、むつかしいことを理解する力が付きますし、創造性がわきだすので、発明・発見につながりもします。

14・気がつかなかった大切なことに気がつく

後に第四章で述べる「仏教の知恵」や、第五章の「自分」などは、本を読んで分かるだけでなく、アッそうか！　と気づく必要があります。仏教はこの「気づき」を大切にします。

筆者の体験では、ロボットコンテストで、ロボット作りにわれを忘れて集中したおかげで、わずか十五歳にして人生の重要なことに気づいた少年がありました。長寿社会になって九十歳、百歳まで生きる人も多くなってきましたが、それだけ生きても、大切なことに気づかないでこの世を終わる方が少なくありません。もったいないことです。

仏教にはいろいろ気づかせてもらえるのです。

15・心の奥底からやりたいと望んでいることができるようになる

気がついてはいませんが、だれでも心の奥のそのまた奥に、白紙のように（というよりも、無色透明なガラスのように）汚れのない清らかな心を持っているのです。これは前記の仏性《ぶっしょう》と同じものです。この心があることは、ふだんは気がついていませんが、たとえば悪いことをする場合、人には隠して言いませんけれど、自分にはそれが悪いことだと分かっています。また、うそをついて、人をだますことはできますが、自分自身をだますことは、けっしてできません。それは、心の奥のそのまた奥にある、ほんとうに清らかな心がはたらいて見ている証拠なのです。これは、自分を見るもうひとりの自分と言ってもよいでしょう。

仏道を歩むと、この奥の奥にある清らかな心が、しだいに外へ出てきてだんだん広がります。心全部にまで広がったとき、その人は仏です。もちろん、すぐにはそうなりませんが、これを生涯の目標として歩まれることを願います。

その白紙のように清らかな心が望んでいるものがあります。お子さんはこれから上級の学校へ進み、その後社会のいろんな仕事にお就きになるでしょうが、どの仕事にも大きな困難はつきものです。あるいは、家庭内でも困難に出くわすかもしれません。しかしその中において、真理のレールに乗って困難を困難ともせずに進むことができるようになります。それは非常に意義ある人生で、きっとお子さんは、生まれてきてよかったと思われることでしょう。大人の言葉で言うならば「救われる」ということです。

16・お経を唱えられることがすばらしい

お経を唱《とな》えられることはすばらしいことです。

鎌倉時代の明恵上人《みょうえしょうにん》（1173〜1232）というお方は、お釈迦さまの声がじかに聞きたいと思われたのに、お釈迦さまの時代よりずっと後の鎌倉時代に生まれてしまったので、聞くことはできませんでした。そこで、すこしでもお釈迦さまに近づこうと熱心に願われましたが、インドには行けないので、日本の中でインドにいちばん近いと思われた紀伊半島で礼拝《らいはい》されたのです。

ほとんどのお経は「如是我聞《にょぜがもん》」（＝このように私はお釈迦さまから聞きました）という文字から始まっていますが、上人《しょうにん》はこの文字によって、お釈迦さまの声を聞いたのと同じだと感じられ、大きく心を転換されたということです。上人はお経を通してお釈迦さまと語り合われた方です。

ただし、お経はふつう漢文で書かれていますから、今すぐお子さんに理解させることは無理だとは思います。大きくなられてからなさるとよいでしょう。漢文を読み下し文（和文）にしたお経もありますが、唱えるときには漢文の方が語調がよろしい。意味を学ぶときは、初歩のうちは、読み下し文の方が楽です（71ページコラム参照）。

序に代えてに書いたように、筆者はよい師に巡り会ったのでお経が読めるようになりましたが、問題は、読経を指導してもらえるお寺や指導者が非常に少ない点です。インターネットで調べるといくらかは見つかります。

筆者自身の体験では、お経を唱えているときが、人生でいちばん幸せなときです。ゴーンと鐘が鳴って、木魚がたたかれ読経がはじまる瞬間には、「これから世界でいちばん尊い言葉を読み上げるのだ」という感動で心がわくわくします。読経の最中は、お経の意味は考えないで、ただひたすら一字一字を大切に読んでゆきます。しばらくすると読経三昧《どきょうざんまい》という、自分という気持ちが消えた、文字と声だけの状態になります。そして三十分間くらいそういう状態を続け、終わるとわれにかえって、頭の中がスーッとします。とても気持ちのよいものです。

有名な「般若心経《はんにゃしんぎょう》」は、意味がきわめて奥深く有り難いお経であることは知っていますが、率直に言って読経三昧の幸せに浸るには短すぎます。せめて二十分から三十分くらいの長さのお経がよろしい。「般若心経《はんにゃしんぎょう》」を読経されるのならば、何回も繰り返すとよいでしょう。

しかし、いじめられたときや、逆にいじめたくなったときに、心を静めるだけならば、般若心経のはじめの部分（以下に記します）だけを暗唱しておいて、それを心の中でゆっくりと、合掌しながら二、三回唱えるだけでも、楽にその気持ちを静め、おさえることができます。お経を唱えると、我慢そのものが消え、我慢が我慢でなくなり、すーっと楽になります。お経は我慢の技術として、とても優れています。むつかしい漢字を覚える必要はなく、発音だけを暗唱すればよろしい。

観自在菩薩《かんじーざいぼーさー》。行深般若波羅蜜多時《ぎょうじんはんにゃはーらーみーたーじー》。照見五皆蘊空《しょうけんごーおんかいくう》。度一切苦厄《どーいっさいくーやく》。

とくにこれは、いじめられたときに有効です（この意味はとても深いのですが、参考までに簡単に説明しますと、「観音さまが仏教の深い知恵（第四章で一部解説します）の修行をされたときに、自分の身心もふくめたこの世のすべては、とらわれることができないものであるということを明らかに見通され、すべての苦しみを超えて悟りを得られました」となります）。

また、次の短いお経（七仏通戒偈《しちぶつつうかいげ》）は、人をいじめたくなったときに唱えるとよろしい。これは読み下し文で書いておきますから、そのまま暗唱すればよろしい。

もろもろの悪《あく》を作《な》すことなかれ。もろもろの善《ぜん》を奉行《ぶぎょう》せよ。
自《みずか》らその意《い》を浄《きよ》うする。これ諸仏《しょぶつ》の教《おし》えなり。

これを唱えれば、いじめたいという愚《おろ》かな気持ちは、消え去ります。そしてサッパリした、すがすがしい気持ちになれます。これも広い意味での、我慢です。

コラム お経の読み方三つ

お経を読むとひとくちに言いますが、それには三種類の読み方があります。

（1）第一は読誦《どくじゅ》、すなわち声を上げて仏壇の前などでお経を唱《とな》えるという読み方です。この読み方のときには、お経の意味を考えながら読んではいけません。それは意味を考えながら読むと精神集中ができなくなり、本文で述べたような読経三昧《どきょうざんまい》に浸れないからです。

（2）第二は、机の前で意味をかみしめながら読むという、ふつうに考えられる読み方です。つまり、お経の意味の勉強です。この読み方で大切なことは、小説を読むようにただ通り一遍ではなく、意味をかみしめることです。もちろんこの読み方は時間がかかりますから、一回にひとつのお経を読むわけにはゆきません。しかも繰り返すほど、また人生の経験を積むほど、さらに仏道の歩みが進むほど、その深い意味を了解することができるようになります。むつかしいけれども楽しいものです。有り難さが分かります。

（3）第三は、一番大切でしかもむつかしい読み方ですが、お経に書いてある内容をふだんの生活に生かすという読み方です。これこそ仏教をした甲斐がある読み方です。

本書は筆者がこの読み方をして、それを皆さんやお子さんにお伝えするために書いたのです。

17. 坐禅ができる

坐禅ができるようになることも、仏教の大きな功徳です。坐禅は最高の精神統一です。すわった仏像を見てください。すべて坐禅をしたお姿です。禅宗という宗派では、坐禅以外に仏道はないと主張するくらいです。

坐禅を指導するお寺は少なくありません。坐禅の指導書もたくさん出版されていますが、よい指導者に付くことが大切です。「こども坐禅会」もネット上にいくつか見つけることができます。

坐禅の後の爽快感はなんとも言えません。しかし、はじめのうちは足が痛いだけで終わりますから、お子さんを坐禅に誘うには注意が必要です。足が痛いのにこりて、もう坐禅なんかいやだという気を起こされると、宝を失うことになってしまいますから。坐禅は続けることが肝要ですから、入門でいや気がささないよう、細心の注意をお願いします。

筆者は、坐禅ほどではなくても、お子さんが魅力を感じる他の方法（第三章108ページで述べる口ボットコンテストなど）で、子供なりの相当な精神統一の効果が得られた体験を持っていますから、そちらをおすすめします。

以上、いろいろ仏教の功徳の例をあげましたが、まとめて言えば、心の練《ね》り上《あ》げができるということです。そしてその心は広々として宇宙に広がるのです。そういう人が増えればこの世の中はよくなるにきまっています。

第三章　仏道を歩もう

第二章で説明したような功徳《くどく》を得るために、具体的に仏教は何をすればいいと言っているのか。それを説明しましょう。この第三章のとおりに仏道を歩めば、我慢はもちろん、仏教の数々の功徳を得ることができます。

合掌しよう

まずは、朝起きて顔を洗ってから食事の前と、寝る前とに、仏壇があればその前で、ない場合は窓を通して空に向かってもよいし、太陽に向かってもよいですから、姿勢を正して、手を合わせることを実行しましょう。これが仏道の第一歩です。

そのとき、**第一章の仏像を拝むときの注意**と**[コラム]手の合わせ方**を守って合掌しましょう。リンがあればそれを打って、その澄み切った余韻が消えるまで動かないで手を合わせているのがよろしい(リンの音を消えるまで聞き続けることで、心から雑念が消えて、集中できるようになるのです)。そのときの息の仕方は、腹式といってお腹から息をスーーーッとはき出すようにするのがよろしい。

合掌に慣れておくことは非常に大切です。合掌のような簡単な動作でも、はじめはぎこちないですが、慣れるとごく自然に手を合わせることができるようになります。お葬式で大勢の人が礼拝《らいはい》し合掌しますが、いつも合掌している人と、そのときだけにわかに合掌する人とは、一目で区別がつきます。

心の毒を消そう――「煩悩」の正体

毒が体に悪いことはいうまでもありません。へたをすれば毒で死んでしまいます。そしてこういったときの毒は、ふつう物質的な毒です。たとえばタバコです。タバコの毒の成分はニコチンという物質です。

しかし、物質的ではない毒もあります。それは精神的な毒、つまり心の毒です。これについては、われわれの多くは気がついていません。ですから心の毒に、ふだん、用心していないのです。これは危ないことです。筆者は、心の毒がもとで死ぬ人も少なくないと思っています。自殺のいくらかは、心の毒が原因です。

人間は生まれたときは、心はまったく純で、すなおで、顔も仏さまのようないい顔をしています。しかし成長するにつれて、しだいにそうでなくなり、にくらしい口も利くようになってきます。学校ではいじめもはじまりますし、うそもつくようになります。

これは、大きくなるにともなって、心に、毒のあるカビが発生してきた証拠なのです。心も、風呂場や台所と同じように、つねに掃除しなければ、カビはどんどん増え、放っておくと手が付けられないようになってしまいます。大人はふつう、この毒をたくさん持っています。

この毒のことを、仏教の言葉では「煩悩《ぼんのう》」と言います。これは、身も心もかき乱し、悩《なや》ませ、正しい判断をさまたげるものです。

第一章の**救う人、ボサツさま**で述べましたように、修行《しゅぎょう》をし、仏教を学んで、少しでも仏さまのレベルに近づこうと努力することを、「仏道《ぶつどう》を歩む」と言いますが、そのためには、心の毒消しをしなければなりません。心の毒を消すには、考え方を変えることです。その考え方については第四章以下で述べますが、ここではとにかく、心の毒を消すように努力することは、仏道を歩むパスポートだということだけを言っておきます。

そこで、三種類の心の猛毒についてお話ししましょう。

三つの猛毒

心の毒にはたくさんの種類がありますが、中でも「爆発型の欲望」「腹を立てること」「真理に暗いこと」の三つが強い毒で、三毒《さんどく》と言って恐れられています（「三毒」を仏教用語で、難しい漢字ですが「貪《とん》・瞋《じん》・癡《ち》」と言っています）。

(二)爆発型の欲望

お腹がすくと食べ物がほしくなります。これは食欲という欲望で、われわれ人間にもありますし、犬にも、ライオンにも、ヘビにも、魚にも、あらゆる動物にそなわっていて、これがあるからこそ動物は生きてゆけるのです。「宇宙のはたらき」によって、そのように作られているわけです。

この食欲がわくと食べ物を食べるのですが、体が健康なときは、食べるにしたがって食欲は減り、お腹がいっぱいになると満足して、たとえおいしいご馳走であっても、もう食べたいとは思わなくなります。つまり食欲が満たされると、心は満足し、食欲は消えるようになっているのです。

ここが大切な点で、自然界に住んでいる野生の動物はみなこうなっていて、食べ過ぎて苦しむということはありません。こういう欲望を本書では「満足型の欲望」と呼ぶことにします。これは毒ではなく、生きてゆくために大切な欲望です。

ところがわれわれ人間は、時としてそのあたりが狂ってきて、食べ過ぎということをします。食べ過ぎると胃が苦しくなります。大好きなご馳走がたくさんある場合などには、食べ過ぎをしやすいです。お腹がいっぱいになっても、食欲が消えないか、あるいは、もったいないからみな食べてしまおうという気が起きて、むりに食べるからです。

しかしそのていどのことならば、一時は苦しいでしょうが、薬でも飲めばいずれ治まります。しかしここで考えてみて下さい。われわれの食欲の傾向が、仮に前記とはさかさまだったとしたならば、人間は飢え死にするか、それともお腹がパンクして死ぬかどちらかで、けっきょく全員死んでしまうことになります。

それは、お腹がすいているときは食欲がないので食べたくはなく、食べないからお腹はぺちゃんこになります。そうなると、さらに食欲はなくなり、ご馳走を眺めてもぜんぜん食べる気もしないということになるので、ついには飢え死にするのです。

あるいはその逆で、食欲がないのを我慢して少し食べたとしましょう。すると食欲がわいてきて、もっと食べたくなり、どしどし食べるのですぐにお腹はいっぱいになります。しかし満足せず、さらに食欲が出るので、猛然と食べることになり、止まることを知りません。満足などなく、食事に対する不満はつのるいっぽうです。そしてむちゃくちゃな食べ過ぎの結果、お腹はパンクして死んでしまいます。このパターンの欲望を「爆発型の欲望」と名付けます（この欲望を仏教では「貪欲《とんよく》」と言います。にごらずにトンヨクと読みます）。この欲望が恐ろしい毒であることは、この例でお分かりになったと思います。

「満足型の欲望」と「爆発型の欲望」とをグラフで描いたものが左図です。満足型は右下がり、

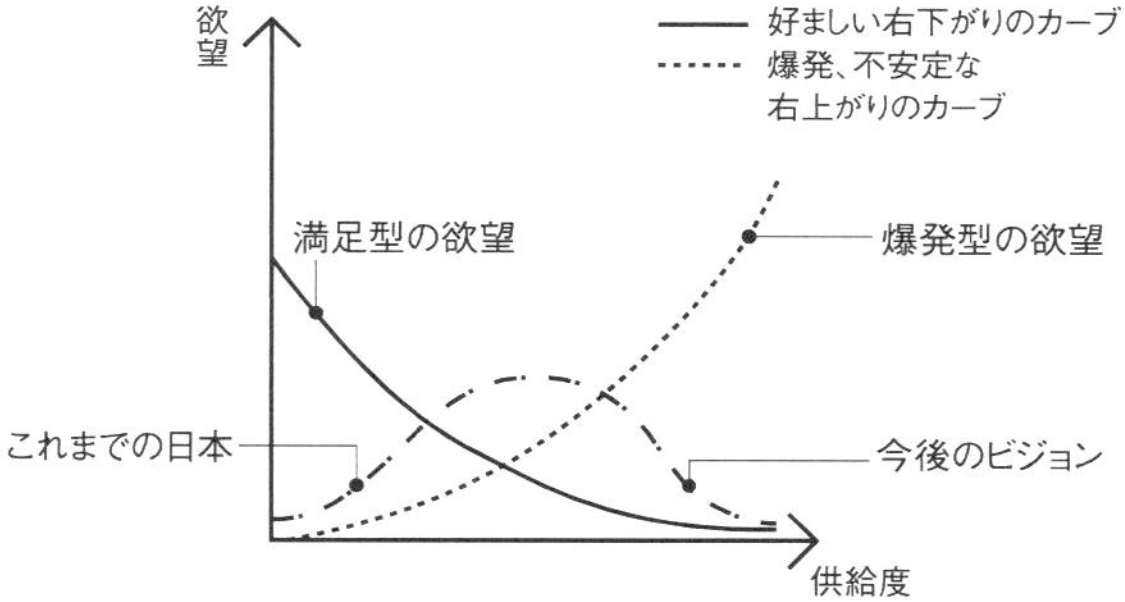

●欲望のパターン
満足型と爆発型

爆発型は右上がりのカーブになっています。爆弾が破裂するのは、信管に加えられた刺激によってです。爆弾の頭とかシリに取り付けてある信管をちょっとつつくと、その近くの火薬が燃え出します。その火がまわりの火薬を燃やし、最後に全体がバーンと爆発するのです。これはまさに図の右上がりのカーブです。

＊

今は、狂った食欲を例にして、恐ろしい「爆発型の欲望」を説明しましたが、食欲というものは本来そういうものではなく、「満足型」のよいものなのです。しかし、人間だけにある欲望ですが、お金に関する欲望、物についての欲望、名誉の欲望などは「爆発型」なのです。爆発型はつねに欲求不満で、終わりにはかならず爆発が待ち構えています。得られれば得られるほど、もっと欲しくなるからです。

文明が進んだ国の人々は、今、お金や物についての

「爆発型の欲望」で困り果てているではありませんか。ついこのあいだの二〇〇八年九月に、米国の大手証券会社リーマン・ブラザーズが六十四兆円もの借りを作って潰れ、その影響で世界中の経済が危なくなり、日本でもいくつもの大会社が赤字を出し、中小の会社では倒産したところも多く、職を失った人たちが町にあふれました。これなど証券会社のお金についての「爆発型の欲望」によって、パニックが起きた代表例です。

また身のまわりを見回して下さい。物、物、物……で、まさに物の洪水です。物についての欲望は、別の言い方をすれば便利の欲望とも言えます。

八十年ほど昔の昭和のはじめには、電話はどの家にもあるというものではなく、数軒に一本しかないものでした。ですから当時は「呼び出し電話」といって、電話がないAさんは、電話があるBさんの家（〇〇〇〇番）に頼んでおいて、Aさんは名刺には［呼び出し〇〇〇〇番］と書いておき、かかってきたら、BさんがAさんの家まで走って「Aさん電話ですよ」と呼びに来てもらうという状況だったのです。今日では考えられないことでしょうが、それでも電話は便利なものでした。

それが、どの家にも電話が引かれるようになり、たいそう便利になりました。今では電話機はFAX兼用で、しかも親子式になり、携帯電話にいたっては、写真が撮れ、通話だけでなくメールで文章や画像をやりとりするのが、あたりまえになりました。しかしその便利さの裏で、廃棄される携帯電話機は山のようにあるのです。それでいながら、電話会社は競争で、より便利な電話機を考え、作って、売っています。

電話はたしかに非常に便利で大切なよいものです。これなしには世の中が成り立たないほどです。しかし気がついてみれば、今では完全に81ページの図の爆発型カーブに乗っていると思います。人間はそろそろ「便利はもうこれで十分だ」と満足しなければ、そのうちに何かが爆発してしまいます。はじめは薬だった電話ですが、それが毒に変わってきたと思います。薬も飲み過ぎれば毒性が現れます。

私は確信を持って言いましょう。

「今日の文明の危機は、すべてが、図の爆発型カーブに移ってきているところにある」と。

それでお子さんたちに、物についての欲望を「これで十分だ」「もう要らない」という「満足型」にしてゆく訓練をしてください。つまり、むやみに欲しがらないこと、この我慢が仏道です。

(二)腹を立てること

腹を立てることも猛毒です。腹を立てると、身も心も大きく傷つけます。時には自分だけでなく人をも傷つけます。とくに仏教では、腹を立てると心に大波が立つため、大切な真理を見抜く知恵が得られないという理由から、猛毒と言うのです。

ひとくちに腹を立てるといっても、火のように怒って大声で怒鳴るという腹の立て方から、怒りを顔や口には表さないが、心の中でもだえ苦しみ眠れない、というのまで、いろいろありますが、どれもよくありません。

ほんとうにひどい腹立ちの場合には、外から見えるくらいに腹の部分が動きます。腹が立つという言葉は、ここから出たのでしょう。これは体に悪いことはいうまでもありません。血圧は上がり、ストレスはいっぱいになります。ですからよく怒る人は早死にします。反対に、怒らない人は心が安らかで静かですから、長生きできます。

読者の中には、腹を立てなければ悪を防ぐことはできなくなるではないかと、反対される方もあろうと予想します。そのうえ、そこに正義感が加わってくるとなおさらです。悪に出くわしたときに怒ってこそ、教育も可能になるし、世の中もよくすることができると。

これはいちおうもっともな話に聞こえますが、問題は「怒る」の中身にあります。筆者の経験からも言えることですが、相手の悪とか不正を正す場合の怒り方にはコツが要ります。腹を立てずに冷静に怒る、つまり心の中は冷静で、それでいながら見かけは火のように怒るという怒り方でなければ、是正の効果は上がりません。この怒り方をするには修養が必要です。

たいていは、相手を正すと言いながら、自分の腹の虫をおさえられないのが大部分で、腹を立てて怒ると、相手は「へー」と言ってしたがうかもしれませんが、心服させることはまったく不可能です。不正を正すどころか、かえって敵がい心を起こさせてしまい、関係を悪くさせるばかりです。結果として、互いのわがままの主張し合いという、情けないことになってしまいます。

後で説明しますが（第四章154ページの表、第9行）、正義感も悪く使うと戦争を起こします。よいように使えば平和が来ますが、正義感の扱いは難しいものです。

冷静に反省してみると、人間には、「自分は正しく他人は間違っている」という先入的な思い込みがあることに気づきます。自分の心にかなわないことが起こっても怒らない、自分の意に背くことがあっても怒らない……という裏には、じつに深いことがふくまれているのです。ともかく、腹を立てますと、物事を正しく見ることや、正しく判断することができなくなります。これが仏道を歩むうえでいちばん妨げになるのです。

ではどうすれば腹を立てずにすむのか。これについては、後でくわしく解説します。

（三）真理に暗いこと

仏道とは真理への道ですから、真理に暗いのでは話になりません。後に述べますが、真理が分からないことが元となり、とらわれる心が芽生え、自分や物に強く執着《しゅうちゃく》して、心に毒を発生させるのです。

「真理の内容」は仏教でいちばん大切なところですから、第四章と第五章を設けて、真理に明るくなったときの、物の見え方や心の有様について書きました。

以上、心の三つの猛毒についてお話ししましたが、少年少女としては、「物をむやみに欲しがらないで、あるていどで満足する」「腹を立てない、怒らない」をまずは心がけてください。腹を立てない方法については後で説明します。

人に尽くそう

心の毒を消したら、次は、すがすがしい感じで人のために尽くすことです。つまり見返りを期待しない清らかな奉仕です（これを仏教用語では「布施《ふせ》」と言います。お坊さんへ出す謝礼のことをお布施と言うことがありますが、それは布施本来の意味からずれた使い方です）。

人間は放っておくと、けちな心に毒されるようになってゆきます。だれでも自分がいちばん大切で、物でもお金でも、人よりも自分がたくさん欲しいと思うのが本音でしょう。たくさんもらえれば嬉しいです。つまり、だれもが自分というものに執着がある（とらわれる）のです。とらわれは真理を見る目をくもらせますから、その自分へのとらわれを取り去るために、人を自分よりも大切にする気持ちを育てるのです。それには、自分の損得を考えないで、しかも見返りなど問題にせずに、無心に人のために尽くすことです。

といっても、お子さんたちには具体的に何ができるのでしょうか。大人ならば金銭や物品を寄付するとか、災害地へボランティアとして出向くとかいろいろありますが、お子さんたちにとっては、そういうお金や物や労働という奉仕よりも、心の奉仕が大切だと考えられます。この奉仕は年齢を問いませんから。

たとえば、電車やバスの中で、お年寄りや、赤ちゃんを連れた方や、体の不自由な方へ、やさしい心で席をゆずるのは、今日からでもできる奉仕です。要するに小さな親切です。

しかし小さいからといって軽く見てはいけません。小さな親切が人口分だけ集まれば、すばらしく住みよい世の中になります。

少数の大資産家が行う大きな寄付もそれなりの意義はありますが、社会全体をよくしようとするのならば、全員が毎日小さな奉仕を行うように心がける必要があります。掃除や食器洗いなど、家事の手伝いでも奉仕になります。

左右も見ずに、いきなり道路へ飛び出す子供さんがいます。とくに自転車に乗りながら飛び出してくる場合が多いです。そのときヒヤリとさせられるのは、車を運転している方です。面倒がらずに、かならず止まって、左右を確認してから安全に出ることを励行するだけで、見かけは消極的ですが、子供さんたちにとっては運転手のために尽くしたことになるのです。

そのとき、大人が言うから仕方なしに安全確認する、というのでは仏道になりません。自分で納得のうえ、みずから進んで安全確認することが大切な点です。はじめは面倒でしょうが、面倒だと思う自分の心に打ち勝つことが肝要です。そしてそれが習慣となると、ひとりでに行えるようになり、面倒ではなくなります。

お父様、お母様方に申し上げたいのですが、習慣の力の大きさを忘れてはいけません。習慣というものは身に付くと、人生までをも支配してしまうものですから。お子さんたちに、今から奉仕の習慣を身に付けておくよう指導してあげてください。

いつもにこやかな顔をしていて、その人がいるだけでその座が明るくなるという人がありま す。その人は、気分の上での大きな奉仕をまわりの人々にしていることになります。こういうにこやかな顔は、大人よりも子供さんたちの方が上手なはずです。大人になるほど難しい顔、しかめっつらをした人が増えてきます。ぜひあなたのお子さんも、天真爛漫、にこやかな顔で周囲の人に明るい感じをほどこすように指導してあげてください。

とはいうものの、不機嫌な日が一日もないように努めることは、容易なことではありません。それには後述の「腹を立てない」訓練が必要です。仏道を歩んで、いつも真理に沿うように努めている人は、顔つきがちがいますし品格があります。ひとりでにその徳が表に現れるからです。

以上に述べたいろいろな奉仕も大切ですが、仏教では、真理を人に説明してあげることが最大の奉仕とされています（真理すなわち法を、布施するという意味で、「法施《ほっせ》」と言います）。

本書を通して、お父様やお母様の説明で、お子さんが真理の一端でもお分かりになったならば、それを自分だけのものとせず、人に伝えられれば最高です。

心をコントロールしよう

ロボットを作ってみるとよく分かることですが、ロボットが立っているのと、積み木が立っているのとでは、中身が大違いです。積み木が立っているのは、ただ置いてあるだけ（積み木の重心が底面より外に出ないだけ）のことです。しかし、ロボットには歩いたり首や手を動かすために、足首から頭にいたるまで、たくさんの関節があり、その関節全部をコントロールしなければ倒れてしまいます。

一般の方はご存じないと思いますが、人間は動かずに立っているだけでくたびれるのと同じように、ロボットも、運動しなくても、ただ立っているだけで電気をくい、電池は減ってゆくのです。立っているロボットのそばへよって注意深く見ると、どの関節もほんのわずかですが微妙に動いているのに気づきます。これは、すべての関節が立っているためにコントロールされていることを示しているのです。ロボットの体はコントロール・システムだらけなのです。

コントロール・システム

ここでコントロール・システムについて、ごく簡単に説明しておきましょう。コントロール・システムは、三つの部分から成り立っています。

その第一はセンサーです。ロボットが立っている場合でいえば、体の傾きを感じるセンサーです。これを「傾きセンサー」と呼びましょう。人間でいえば感覚器官です。センサーは次のコントローラへ情報を送ります。

第二はコントローラです。ロボットではコンピュータがこの役を行います。人間の場合は脳か脊髄です。コントローラは制御の目標を持っており、センサーから送られてきた情報とその目標をくらべてから、計算をして次のアクチュエータへ情報を送り出します。

第三はアクチュエータです。ロボットが立っているときは、関節、とりわけ足首の関節を動かすモーターです。コントローラからの情報で動きます。

立つためのコントロールは、この三つが巧みに組み合わされて行われます。まずコントローラの中には、はじめから垂直という目標が人間によって入れられています。そこでコントローラは、傾きセンサーから来た信号と、垂直という目標とをくらべ、前のめりになりかかっていたら、体が後ろへ傾くように関節へ信号を送るのです。逆に少し後ろへ傾いていたら、体が前へ傾くように関節へ信号を出します。こうしてつねに、コントローラは、傾きセンサーからの信号の垂直からのずれをゼロにするように、関節へ信号を出し続け、関節も微妙にはたらき続けているのです。この仕組みのおかげでロボットは立っていられるわけです。ですから、立っているだけで電池は減ってゆきます。

これは一つのコントロール・システムについての話ですが、ロボットの中にはこういったシステムが何百も組み込んであるのです。

このように、ロボットでさえコントロール・システムだらけなのですから、わたしたち人間の体には、その何百万倍もの複雑なコントロール・システムがあり、たくみなコントロールが行われているわけです。わたしたちはそのおかげで、生きて生活できているのです。そのたくさんのコントロール・システムのどれが狂っても病気になります。

●ホンダASIMOと著者

仏教は、言葉をかえれば、「心のコントロールについての教え」とさえ言うことができます。正確に言えば、心のコントロールと我慢は同じことではありませんが、心のコントロールの仕方を覚えるということは、我慢の仕方を覚えるということにつながります。

ですから自分の心をコントロールする訓練が必要です。つまり心の練《ね》り上《あ》げをするのが仏道です。コントロールをうしなうと、よい人間になれません。たとえてみれば、野球のピッチャーがボールを投げるようなものです。ピッチャーの体や手足、指のコントロールが利いていなければ、目標どおりの球は投げられません。仏道もそのようなものです。

では、心のコントロールを利かせるにはどうすればよいのでしょうか。それについてお話ししましょう。

自分を見るもうひとりの自分

第二章の15.心の奥底からやりたいと望んでいることができるようになるでも述べましたが、私たち人間の心の中には、自分が今何をしたがっているのか、何かができて喜んでいるのか、失敗してくやしがっているのか、決められた規則を破って行動してしまって反省しているのか……と、自分の行動や心を見守っている、上の立場の心があります。いうなれば心のセンサーです。

このことは、胸に手を当てて静かに反省してみれば、分かるはずです。この自分の行動や心を見守っている心を「自分を見るもうひとりの自分」と名付けましょう。これはとてもとても大切な自分です。この自分は、今述べたように心のセンサーであると同時に、心のコントローラでもあるのです。この「自分を見るもうひとりの自分」を育ててゆくと、心のコントロールが上手になります。それには、まずは自分が守ろうとする目標を自分で立て、それを誓い、守ることです。

たとえば、「わがままな考えや態度をしない」「すなおに謝る」「正直」「ふきげんな顔をしない」「物を大切にする」などは、だれにも共通した目標としておすすめできるものです。とくに「毎日、ふきげんな顔をしない」というのはすばらしい目標です。毎日にこやかに明るくすることができるようにと誓って実行することは、次にくわしく説明しますが、やさしいようですが容易なことではありません。一年中一回も腹を立てないということだけでも、たいへんなことです。これができれば立派な仏道ですから、ぜひ目標としておすすめします。

あるいは、食事の前には「いただきます」ときちんと言って、手を合わせる。食事がすんだら「ごちそうさま」と言って合掌する。これだけのことでも子供さんにとっては適当な目標になります。

そして、その目標を自分で決め、そうしようと誓ったならば、かならずそれを守って実行するのです。守ったか、なまけてサボってしまったかは、「自分を見るもうひとりの自分」がちゃんと知っています。もしもサボってしまったならば、反省して自分に言い聞かせ、こんどからはきちんとしようと決心するのです。こうして自分の心をコントロールする習慣を付けてゆくのが仏道です。

心の先生になろう——自分は心の「運転手」

仏教には「心を先生としてはならない、心の先生となれ」という教えがあります。これは心というのは煩悩《ぼんのう》を持っていて暴れん坊なので、それを正しくコントロールする必要があるということを言っているのです。

自動車にたとえれば、心を先生とするということは、心が「運転手」つまり「主人公」で、自分が「車」、ということを言うのです。心は暴れん坊ですから、そんな運転手では危険きわまりないわけです。そして自分が煩悩にこき使われてしまって自由をうしないます。そうではなくて、心が車で、運転手（先生）が自分、という立場で、つねに暴れん坊の心をコントロールしながら生きてゆけば、安全ですし、自由自在の人生が走れるよ、という意味です。

腹を立てないようにしよう

腹が立っても怒らない、というのには、たいへんな我慢が要ります。腹はどうしても立ってしまうものですが、最初から、この腹を立てないようにすることができれば、心はとても楽になります。

しんぼうして腹を立てないことは大切な仏道です。

わたしたちはつねに、知恵が心の主人公であるように生きることが大切です。それには今述べました「自分を見るもうひとりの自分」をはたらかせて欲望を上手にコントロールしていく必要があります。怒りに目がくらむと、仏教で大切にする知恵がくらまされ、怒りによって自分が支配されてしまいます。知恵がくらまされると正しい判断ができなくなり、それによって人生が狂ってしまいます。ですから腹を立ててはいけません。

腹を立てないコツの第一は、怒り返さないことです。悪口を言われたり、気に入らないことをされたとき、まずは**だまって**しんぼうすることです。だまってしまえば怒り返すことはなくなります。ですから言い合いにはなりません。ただ、はじめのうちは、お腹の中は煮えくりかえるかもしれませんが、そこをしんぼうしてだまるのです。

筆者もかつてはだまるのに苦労しましたが、そのうちに、だまるくらい楽なことはないと思うようになりました。だまっているだけで何も考えなくていいのですから、考えようによってはこんな楽なことはありません。

そのときのとっさの心の持ち方は、相手が言った言葉の意味を考えずに、「何か音が耳の鼓膜を振動させたな」と思うことです。この気持ちになれば、悪口が悪口ではなくなり、鼓膜のマッサージができたと相手に感謝できます。

「お釈迦さまは、決して怒り給わず」と伝えられています。ご自分に危害が加えられても、殺されそうになってさえも、お怒りにならなかったということです。——こういう話も伝えられています。

あるときひとりの若者がお釈迦さまに向かってたいへんな悪口で責《せ》め立てました。しかしお釈迦さまは怒り返さないで、じっとその悪口をお聞きになったうえで、こう言われました。

「あなたの家でパーティーをもよおしたとき、用意したご馳走をだれも食べなかったならば、そのご馳走はどうなりますか」と。

若者が「それはぜんぶ私のものになる」と答えると、お釈迦さまは静かにおっしゃいました。

「あなたは今、私に悪口を言い、はずかしめたけれども、私はそれを受け取っていません。ですから、あなたの悪口はだれのものになるのでしょうか」と。

この怒り返されなかったところが、さすがにお釈迦さまです。

腹を立てないコツ十ヶ条

そこで腹を立てないコツ十ヶ条を以下に述べましょう。これを応用すれば腹の虫をおさえることが楽にできるようになります。すなわち、我慢が楽にできるようになるともいえますね。

ただし、柔らかい頭が要ります。

(一)悪口の意味を考えないで、「あ、耳の鼓膜が振動した」と思う

こう思うと怒る気がしなくなります。先に述べたように、「鼓膜のマッサージになった。ありがとう」という感謝の気持ちも起きるでしょう。柔らかい心です。

(二)自分を見るもうひとりの自分をはたらかせて、静かに考える

悪口を言った相手とは別れて家に帰り、ふとんにもぐりこんで目をつむってからも、腹の虫がおさまらずに気がくしゃくしゃしているということは、だれもが経験しておられるでしょう。

そういうときは、自分を見るもうひとりの自分はどう見ているのかを考えるのです。すると、今自分はもだえ苦しんでいるが、当の相手は今そこにはおらず、ひ《ヽ》と《ヽ》り《ヽ》相撲をとっていること

に気づきます。「こんな怒り方はなんにもならないではないか。ばかばかしい限りだ、こんどあいつに会うまでは怒るのを止めよう」と思うだけで、けっこう気は静まるものです。

フッと怒りたくなったときに、「ア、そうだ、しんぼう、しんぼう」と、心の中で自分に言い聞かせるだけで、不思議と気が落ち着くものです。これも、自分を見るもうひとりの自分のおかげなのです。

(三)あたりまえのレベルを変えてみる

「こんなにきれいな花が咲く木にも、トゲがある」という言い方にはツンとしたいやなものを感じますが、「トゲがあるような木にも、こんなに美しい花が咲く」と言い直すと、どことなく温かい感じがして、心に受け入れやすくなります。つまり、きれいな花が咲くことをあたりまえだと思っていると、トゲがあることは特別に悪いことのように感じますが、トゲがあることをあたりまえだと思い直すと、きれいな花が咲くことは特別によいことに感じられるわけです。

こういったちょっとした心の持ち方が、気分を大きく左右します。なにごとも、よいようによいようにと、頭を柔らかくして考え直すのです。そしてこのコツを人間関係にも応用するのです。

たとえば、悪口を言われたときには、「殴《なぐ》られるよりはましだ」と。殴られたら、「殺されるよりはましだ」と思うのも、この応用のひとつです。

また、たとえば「おいしいジュースだが、コップに半分しかない」というのを「コップに半分もある」と思い直すとか、「あと五日しかない」を「まだ五日もある」と心に言い聞かせるのです。*

（＊小林正樹「法座／結びにおける仏性礼拝型アプローチの一考察（4）―「無評価の肯定」という意味転換の方法―」CANDANA No.233, 2008 MARCH、中央学術研究所、p.5〜6）

(四)目の付けどころを、現状から、そこにいたった過去へと移してみる

現状がいやな場合、たとえば「ぼろぼろで汚い花」（＝これは目の前のいやな現状）と感じたときには、目の付けどころを過去へと移して、「ぼろぼろになるまで一生懸命咲き、多くの感動を与えた花*」と、直接目には見えませんが、そこにいたった途中（過程）に気持ちを向けてみると、心がなごみます。この原理を応用するのです。

(五)事こそちがえ、自分も相手と同じだと思ってみる

お父さんに対して「好きなだけ酒を飲む人だ」と不服なとき、「ぼくだって好きなだけ甘い

ものを食べているんだ*」と思えれば、楽にその不服が治まります。

ある日、筆者の妻が外出し、向こうへ着いてから重大な忘れ物に気づき、時間も切迫していたので、往復タクシーで取りに帰ってきました。筆者はとっさに「ばかな、なんともったいないことか！」と心中は波立ちましたが、妻にはもんくは言わずにおきました。その日の夕方、筆者は風呂に入ったとたん、小さいことながら三件もの忘れごとに気づかされたのです。それで「まったく、人のことは言えないな」と反省したら、心が治まりました。

(六)きらうよりも思いやり

「あびるほど酒を飲む人だ」という気持ちでお父さんを見たときに、「あ、これはきらっている心だ。思いやりに改めよう」と気づいて、「なにか酒を飲まずにはいられない、やむにやまれぬわけがあるのだろう*」と思いやりの気持ちを出すのです。

(七)太っ腹な気持ちを持つ*

「自分勝手なあいつがぼくを困らせる」と思うよりも、「ぼくが彼を自由にさせてあげているのだ」と太っ腹な気持ちになってみると、しんぼうしやすくなります。

(八)別によいところを見つけてみる

「口が悪いいやなやつだ」という気がしたら、その相手の別のよい点を発見して、たとえば「しかし字はきれいな人だ*」と思うようにするのです。

(九)憎い、憎い、憎い……と何百回も叫ぶ**

もしも憎い人があったら、憎い、憎い、憎い、と何百回も叫んでみる。すると自分が感じるこの世界は「憎い以外のものがなくなり」憎いだけになります。つまり憎いに成り切るのです。すると不思議と憎さが消えてしまいます。この「成り切る」ことは坐禅をはじめ仏道の大切な姿勢です。

(**横山紘一『十牛図入門――「新しい自分」への道』幻冬舎新書078、p.119)

(十)悪いことも考え方しだい

後に述べる「三性《さんしょう》の理《り》」(第四章でくわしく説明します)がほんとうに分かると、「悪いことも考え方しだい」ということが理解できますから腹立ちが減ります。一例をあげましょう。

じつは、われわれは、一つのものに関してまったく正反対の二つの言葉を付けて、それを別々のものだと錯覚しているのです。

ふつう世の中では、成功とか失敗とかといって正反対のことだと思っていますが、そんなことにこだわらずに、そのできごとを眺めてみれば、真理から外れたできごとは一つもないのですから、たとえ失敗でも、それは宇宙の真理が現れたものだと分かります。

ただ、そのできごとがさしあたっての目的に合わないとき「失敗」と言い、目的どおりにいったとき「成功」と呼んでいるにすぎないのです。

ですから、「失敗した、くやしい！」と思ったら「目的を変えれば大成功の鍵が現れたのだ」と思い直すのです。事実、ノーベル化学賞を受賞された、筑波大学名誉教授である白川英樹先生の電導性プラスチックや、島津製作所の田中耕一さんの研究は、失敗がもとになっていたのです。

この原理が分かると、（自分の失敗、他人の失敗をふくめて）失敗に怒るどころか、合掌する気持ちに転換できます。

以上腹を立てないコツ十ヶ条を示しましたが、これは例を示したにすぎませんから、実際に応用するには、そのときその場にさいして、柔らかい頭と、日々の訓練が必要です。

スポーツや楽器演奏のような体で覚えなければならないものはそうですが、我慢もそうなのです。毎日繰り返し練習してこそ、身に付きます。我慢のようなよい習慣が身に付くと、ことさら意識して努力しなくても、容易に事が運んで行くようになります。そうすれば次のような、最上級の我慢ができるようになります。

最高の我慢とは——悪口も失敗も、仏からのプレゼント

最高の我慢とは、「腹が立った、今ここで我慢しなくてはならない。では腹を立てないコツ十ヶ条で考えて腹の虫をおさえよう」というようなレベルのものではありません。

「知らず知らずのうちにひとりでに我慢してしまっている。今我慢しているという気持ちさえもまったくなく、悪口に対しても平気の平左《へいざ》だ」という、これこそが最高の我慢と呼ぶにふさわしいものです。こうなると「宗教的な境地」が身に付いてきたと言えましょう。

仏教では、善であろうと悪であろうと、たとえ筋が通らないとしか考えられないような場合もふくめて、すべてのもの、あらゆることに対して、「すべては、仏さまからの贈りもの」と考えるように導くのです。悪口も失敗も、仏からのプレゼントというわけです。

ただ、われわれの無知のせいで、残念ながらそうだと分からないだけなのです。怒るどころか、有り難く拝んで、なぜそれが今与えられたのか、自分を育てるためではなかったのか、柔らかい心でじっくりと考えるのがよろしい。

われわれは、この最高の我慢をめざして日々努力すべきです。そうすれば、気持ちが楽なば

かりか、人生が真理のレールに乗ってくるので、すらすらと運んでゆき、弱かった自分に打ち勝ったすがすがしさを味わうことができます。

コラム 有頂天にならないこと

本文では、腹を立てないこと、怒らないことを強調していますが、その反対の「喜ぶこと」についても注意が必要だと仏教では説きます。

「エッ、喜ぶことがなぜいけないの?」といぶかる方が多いと予想されますが、ばか喜びをすることも、心に波を立てますから、好ましくないのです。もちろんひとくちに喜ぶといっても、いろんな喜びがあるでしょう。とくに悟りが開けたときのような喜びは結構ですし、物を作っていて完成したときの達成感というような喜びは問題ありませんが、問題なのはいわゆる「有頂天《うちょうてん》」です。

これはコントロールが外れたばか喜びとでもいうのが当たっていると思うのですが、この喜びは、仏道ではよくないことになっています。また仏教を持ち出さなくても、このばか喜びは、他から見て感じのよいものではありません。得意になって、誇らしそうにならないことです。これも一種の我慢です。

なんでもそれに成り切るまで一生懸命やろう

仏道の修行《しゅぎょう》には「三昧《さんまい》」といって、心を散らさず乱さず、心を静めてひとつの対象に集中する行《ぎょう》が非常に重んじられています。それは、心の底のまた底までを清める悟りへの道だからです。その代表は坐禅です。また「南無阿弥陀仏《なむあみだぶつ》」だけを唱《とな》える念仏三昧《ざんまい》や、「南無妙法蓮華経《なむみょうほうれんげきょう》」を唱える唱題《しょうだい》三昧もあります。どれもが、「われを忘れる」まで一生懸命に行うのです。

このわれを忘れるということが「三昧」のいのちなのです。

後に説明するように、仏教では「一つ」ということが大切にされますが、「われを忘れる」と、精神のあり方が「一つ」になるからです。そしてそういう「一つ」という精神のあり方を続けていると、精神の上によい結果が生じるのです。悟りはその代表的なものですが、それ以外にもさまざまなよいことが現れて来ます。

見る者が消える「三昧」

ふつう、われわれが生活しているときは、「見る者」と、それに対する「見られるもの」との二つになっています。たとえば自分が本を読んでいるときは、自分が「見る者」で、本が

「見られるもの」です。ところが一生懸命になりますと、本だけがあって、(気持ちのうえでは)自分が消えてしまいます。このとき、あるのは本という「見られるもの」だけになりますから、精神的に「一つ」が実現したことになります。

言葉が難しくなりますが、これを主客合一《しゅきゃくごういつ》と言います。主体(自分)と客体(本)が一つにとけ合ったという意味です。あるいは、主体と客体の二つに分かれる以前という言い方もできます。つまり、読者が本に成り切った状況です。これが読書三昧です。

三昧とはどのような精神状態かを念仏三昧で表した、分かりやすい道歌《どうか》(仏道に関係した歌)があります。二つとも一遍上人《いっぺんしょうにん》の作です。

唱《とな》うれば　仏も我もなかりけり
南無阿弥陀仏《なむあみだぶつ》の　声ばかりして

南無阿弥陀仏《なむあみだぶつ》という念仏を一生懸命に唱えていると、仏さまも自分も消えてしまって、南無阿弥陀仏の声だけが聞こえているという三昧のありさまが歌ってあります。しかしまだそこに、声というものを感じており、これでは三昧が不十分だということで、次のように詠み直されました。

唱うれば　仏も我もなかりけり
　南無阿弥陀仏　南無阿弥陀仏

世の中は南無阿弥陀仏だけになって、それ以外のものは何もないことがよく出ています。これこそが本当の三昧です。徹底した三昧です。

いうまでもないことですが、三昧の最中に、このような歌が詠めるわけはありません。もしそうだとしたら、三昧に入っていないわけです。

「三昧、三昧を知らず」という教えがありますが、今自分は三昧に入っているのだということなど感じないのが三昧です。もし感じたならば、気が散って精神集中してはいません。坐禅なら坐禅、念仏なら念仏を終わってふつうの状態にもどってから、「ああ自分はさっき三昧に入っていたのだなー」と気がつくのです。

禅宗では、坐禅こそがもっともすぐれた三昧であるということで、坐禅を王三昧《おうざんまい》と呼び、そのほかの三昧を個三昧《こざんまい》と言っています。

しかし筆者は以下に述べるように、少年少女には個三昧でかまわないから、物作りの製作三味がいちばん有効ではないかと考えています。

ともかく、われを忘れるくらい懸命に何事も行うということは、非常に大切なことです。

コラム 失敗談:運転中のお経は、気が散っている証拠

本書の冒頭の「序に代えて」でも述べたように、筆者はお経が大好きです。読経三昧《どきょうざんまい》はまことに気持ちがよいものです。

しかし、それが高じて、車の運転中にお経が筆者の頭をかすめ、知らず知らずに読経しながら運転していて追突されてしまったことがありました。後藤榮《ごとうえい》山老大師《ざんろうたいし》にそれを話しましたところ、「運転中は運転三昧にならなければだめだ。運転中にお経など気が散っている証拠だ」との忠告を頂きました。なるほど、考えてみれば、それが仏教というものであることが分かりました。

いくら仏教が好きだからといって、いつでも、どこでもお経を唱えればよいというものではありません。自動車運転中は、運転に成り切らなくては危ないです。

さてそこで、お子さんたちに、どうすればわれを忘れる三昧にひたってもらうことができるのかが、重要課題となります。

ネットで調べれば、こども坐禅会なるものを行っておられるお寺がいくつか見つかりますが、どれもがせいぜい一泊か二泊で、坐る（坐禅する）時間も一時間くらいです。このていどですと、坐らないよりはましですが、何かよい効果がはっきりと出るにはいたらないと考えます。子供さんたちにとっては、おそらく足が痛かった、気分がスッキリした、くらいのことで終わるでしょう。

そこで、筆者が創案し、身をもって経験したロボットコンテスト（以下ロボコンと略します）ですが、これですと、数ヶ月間少年少女を「夢中」という状態にすることができ、われを忘れる製作三昧にひたらせることが可能で、顕著な効果が現れるのです。

しかも、坐禅は、宗教教育が禁じられている公立学校ではできませんが、ロボコンならば学校の授業として堂々と行うことができます。宗教関係者は坐禅でなければだめだとおっしゃるかも知れませんが、筆者は少年少女の年齢と、効果から見て、宗教的な悟りにいたらなくても、これで十分だと考えています。

心を育てた製作三昧

ロボコンの起こりは一九八一年に東京工業大学で、単一乾電池二個のエネルギーだけで人間が乗って走る車を製作し、それを走らせる競技会を筆者が行ったところにありました。

筆者は坐禅もしますし読経もしますが、小学校時代から物作りは何よりも好きでした。それで、よくよく反省してみましたら、個三昧かも知れませんが、物を作っているときは、かなり深い三昧に入っていたことが分かりました。それでこの物作り三昧を学生たちに味わわせようとして発想したのが、この競技会だったのです。

いざはじめてみると、学生たちは車の製作にのめりこみ、徹夜も辞せずという構えになりました。それまでは希望のない顔と、うつろな目をしていたのが、このイベントによって、感動を得て目つきが変わり、生き生きとしてきたのでした。そしてそれが発展して、一九八八年からNHKロボコンがはじまったのです。

そのころ、ロボコンのテレビ放送に心を大きく動かされたひとりの中学校教諭がありました。それは、青森県八戸市立第三中学校（当時）、技術科担当の下山大《しもやまゆたか》先生でした。先生は全国の中学校に先駆けて、技術科の授業としてロボコンを取り入れられました。

そのロボコンは、三年次の秋からはじまって、翌年二月に競技本番が催され、卒業直前の最後の時間に感想文を書くという四ヶ月がかりのものです。

まず、くじ引きで四人一組のチームが決まり、与えられたテーマをこなすロボットをポンチ絵（漫画）を描いて考案するところからスタートします。実際のロボット製作は、ベニヤ板・プラスチック段ボール・紙パイプ・スタロイフォームなどの素材を切り出すところからはじまりますから、物作りになれていない生徒にとっては（こういう物作りは、ほとんどの生徒がはじめてです）けっこう難儀な苦しい道のりです。しかし生徒たちはロボットというものに魅せられて、その困難を乗り越えてゆきます。乗り越えるどころか、完全に製作三昧に入ってゆくのです。

この中学校も、御多分にもれず、荒れた教育困難校でした。職員室の前の廊下を自転車が走る、夜中に窓ガラスが何枚も割られるという荒れようでした。

ところが、下山先生の話では、ふつうの座学の授業ですと、はじまって十分もたたないうちに、席を立って保健室へ行ってしまう生徒が、なんとロボコンの授業だと二時間もねばるというのです。だいいち、「これからロボコンの授業だ」となると、生徒が教室を移動するスピードがまったくちがって、走って行くというのです。午後の最初の時間がロボコンというような場合、昼食後の昼休みを遊んでいるような生徒はひとりもおらず、昼食がすむとすぐに技術室へ入ってゆき、五分、十分という時間を惜しんで、ロボット作りにはげむのです。夢中で製作していますからアッという間に夜が来ます。午後七時以降は帰宅するようにうながすのですが、

「先生、あと五分やらせてください！」という調子でせがむのです。それでも規則だからと帰らせるのですが、その代わり、朝寒いのに、六時頃から登校して作っています。もちろんどのロボットも失敗のくりかえしですが、自分たちが作ったロボットが動くという夢のような事実を楽しみに、全員が頑張るのです。

こういう授業をしながら三ヶ月もたつと、なんと、驚くことに、ロボット作りとはまったく関係ないことなのですが、トイレのドアの開《あ》け閉《た》てがひとりでに静かになります。物作りをすると、教えなくても自然に物を大切にするようになるのです。

一九九七年の春に、下山先生から、同校の第六回目のロボコンを体験した生徒七十五人の感想文が筆者の手元へ送られてきました。それを読んだ筆者は、感涙でハンカチ二枚をぐしょぐしょに濡らしてしまったほどでした。

以下はそのほんの抜粋ですが、ロボコンというものが十五歳の少年たちの心をどのように変え、成長させたかがお分かりいただけるでしょう。

「機械を愛する心と、その素晴らしさを知った」

まずは、D君の感想文から。

「苦しく楽しかったロボコンも、あっという間に過ぎ去ってしまった。あの作っていたころは、よくもめたり、いがみあったり、意見があわなかったりした時の方が多かった。あまりにも失敗ばかりして、もうやめたいと思った時もあった。

だけど成功したり、完成した時のうれしさは、今まで、味わった事のないものだった。この気持ちは決して、お金で買えるようなものではなかった。自分で作ったロボットが動く。それは夢のようでもあった。

いつも、なにか作っても、一度失敗したら、僕は、もうそれには手をつけず、ざせつばかりしていた。作れないからといって、でき上がった物を買っても、愛着はなかったし、うれしくともなんともなかった。

僕は、機械というものは、必ず動いて人間の役に立つものだと思っていた。動かない機械は、役に立たないので、お払い箱にしていた。しかし、このロボコンを通して、機械が好きになった。動かない物なら動かせばいい。役に立たないなら、役に立つようにしてやろう、という考えをするようになった。

僕は、ロボコンをしたおかげで、また一つ大人になった。今回のロボコンを通して、僕は「機械を愛する心とすばらしさ」を学んだ。これからまた多くの人生を通して、機械と知り合うかもしれない。その時その機械をうまく使えば、よごれている、空気、水、大気、大地、を浄化出来るかもしれない。機械は、僕達のした事の、罪ほろぼしをも、やってくれるかもしれないのだ。」

読者はこれを読んでいかが感じられたでしょうか。とくに傍線の部分には、深い情けがあふれています。いわば仏心・ボサツの心です。この世に出現したからには、人であれ、物であれ、なんらかの出現の意義があります。物に役立つ物と役立たない物があるのではありません。世間ではしばしば「役立たない」と言いますが、役に立たないのではなく役に立てないのです。こういう深い人生哲学が、ロボット作りによって少年の身に付くのです。

「物を粗末にしてはいけないことに気づかされた」

次は、O君のものから。

「僕は、ロボコンを通していろいろなことを学びました。例えば仲間と協力して何かをするということです。自分の意見や他人の意見一つだけにとらわれずに、自分の意見と他人の意見を混ぜ合わせて、さらにいいものを作っていくことが大切だということが分かり、しょうらいのためにいい勉強になった。

これから先僕は大人になり仕事につくだろう。そしてチームを組んで仕事をするだろう。そんな時僕はきっとうまくやっていけるだろう。

僕は（身内の不幸のため）ロボコンの本番の日には行けなかったが、僕たちが作ったロボットは、りっぱに大会で動くことができた。まるで自分の子供の運動会に行けなかった親のような気になった。でも、みんな一生懸命やってくれたらしい。

うまく言えないが、僕がその場所にいなくても、僕の作った物や自分の持ち物がその場所にあったら、その物に宿った僕の心が、代わりに見てくれるのではないだろうか。だから僕がロボコンに出れなくても、僕たちの作ったロボットは、その時その場所にいて、ロボコンを体験してくれているのだと思う。

もっとも、この考えは勝手に僕が作ったものだから、ちがっているかもしれないが、もしこの考え方で考えるとするならば、僕は物を絶対にそまつにしたりできないだろう。今しきりにかんきょう問題がさけばれているが、もし全人類がロボコンのようにすばらしい事を体験し、何かに気がついたとしたら、自分だけではなく他人や物にも思いやりがもてるようになると思う。

僕はこれから、ロボコンで教わったいろいろなことを思い出しながら、生きていきたい。」

互いに我《が》を張り合ってゆずらないのが、人間一般の様ではあります。だから、「……自分の意見と他人の意見を混ぜ合わせて、さらにいいものを……」の言葉には大人の方が赤面するのではないでしょうか。国会議員に聴いてほしいような言葉です。

また、物を大切にせよと教えたわけではないのですが、ロボット作りの過程においてロボットにわが心が乗り移り「……僕は物を絶対にそまつにしたりできないだろう」と言うまでに心境が成長しています。

さらに、彼は生きることに関する重要な「何か」に気づき目覚めたのでした。

仏教はこの「気づき」をうながすものです。言ってみれば、これは小さな悟りではないでしょうか。

学校や先生に感謝を抱くようになった子供たち

この七十五名の感想文を分析すると、協力の大切さに気づいた：五十五名、深い感動を味わった：四十七名、精神集中の重要さ・快さに気づく：三十名、誇りを持てた：二十名、過程（プロセス）の価値を知った：十六名、物に心が乗り移った：十二名、創造の深い喜びを味わった：十二名、種々な物や事へ開眼した：十名、人生への自信が付いた：九名、ごみが宝に見えだした：五名……といったぐあいに、生徒たちの心が大きく育っていることが、明らかに実証されているのです。

中に、先生や学校へ、あるいはロボコンへの感謝を述べている生徒が十三名ありますが、その二、三を紹介させていただきます。

「……頭の中で、書くことが、こんがらがっていて、文章がへんですが、ぼくの気持ちを、わかってもらえたでしょうか。下山先生に会えてよかったです。」

「ロボコンをすれば、ものを大切にすることができる。ものを大切にできるということは、人の気持ちが分かり、友達もふえ、学校に来るのも楽しみになり、不登校もなくなると思う。下山先生はえらい。」

「ロボコンという新しい授業をやってくれた下山先生には心から感謝したい。下山先生、これからも新しい教育への一歩をふみ出してがんばってください。」

学校や先生にうらみを持つという報道が圧倒的に多い中にあって、こんなにも感謝にあふれた心を抱く生徒が育ったのでした。

ともかく、ロボコンのためのロボット作りをすれば、生徒の表情が柔らかくおだやかになり、すなおになります。ロボコンによって心の育成ができるという証《あかし》が立ちました。

この原因としては、担当の下山教諭の献身的な努力はいうまでもありませんが、「物作り」による精神統一、つまり「われを忘れる」までの製作三昧が最大のものだと言えるのです。八戸三中の生徒たちは、ロボコンによって心の健全さを取りもどし、十五歳の子供ながらに、人間をして人間たらしめることができたのです。

「夢中とは何か、を生まれてはじめて体感した」

ロボコンがどんなに生徒を夢中にさせるかを示す感想文を、もうひとつ紹介しましょう。これは広島県呉市の二河中学校のロボコン感想文です。

「……ご飯のときも、トイレでも、登下校の途中でも、お風呂に入っていても、ロボットを考え続けていました……」と。

このように、ロボコンでは、創造と物作りの楽しさが、生徒たちを「夢中」という状態に没入させてしまうのです。

夢中になると「われ」を忘れます。すると、くりかえしになりますが、世界から「われ」が消え去って、世界は物だけ、ロボットだけになってしまうのです。自分がロボットに成り切ったということです。つまり仏道を歩んでいるのです。

こういう精神状態が長続きしますと、その人の人間性・個性・人格といった、人間本来の非常に好ましい姿が発現し、本来の人間らしさを取りもどすのです。すなわち第二章で述べた（62ページ）、家出して精神的に貧しい流浪の旅を続けている子供を、もとのゆたかな実家へ連れもどすことができるのです。

このことは永平寺の開祖、道元禅師の金言によっても、裏付けられています。

「自己を習うというは自己を忘るるなり」

(To learn about oneself is to forget oneself. と英訳されています)

また西田哲学ではこのことを、

「もの来たってわれを照らす」

と表現されているのです。ロボコンの場合でしたら、「ロボット来たってわれを照らす」となり、ロボットによって、自分の中の尊いもの、すなわち仏性《ぶっしょう》(第二章54ページで述べた)が照らし出されたわけです。

コラム 八戸三中 ロボコンの名言いくつか

・いつか、世界中の人がロボコンを体験できればいいなあ、そう僕は思っています。

・今まで15年生きてきて、こんなに深く考えることはなかった。僕の心の中では、たかがロボコンではじまったものだったが、大きく育って、僕の成長のために大いに役立った。

・このロボコンで、改めて僕は自分の弱点を知ることとなった。自分の長所は、一つのことを一生懸命がんばることだと思っている。しかしそれが逆に、がんばろうと思って一つのことにしばりついて、がんこになってしまうことが短所になっていることを、今回のロボコンではっきりと感じた。

・全身全霊をあげてロボットを作ったという充実感は、なにものにも代えがたい大切な宝だと思う。そのようなことを学ぶことができたのも、下山先生のおかげだ。これからの後輩のため、また日本の教育のためにも、下山先生に奮闘していただきたいと思った。

・形のなかったものが段々ロボットの形になっていったことが、今までにない気持ちを引き出した。それは問題を解いたときや、何かの勝負で勝ったときと違い、物ができる喜びで、それはお金にも何にも代えられないものだ。説明書も何もない、まったくのゼロから出発して、形あるものを作り出す。こんなすばらしい教科は、外にないだろう。

・僕はロボコンが終わって満足感でいっぱいだった。

・他人の失敗を許しあえる心、その他たくさんのことを、このロボコンの時間に学ぶことができた。

・どうしよう！　もう時間がない!!　そのとき、ほかのチームの者たちが手伝ってやると言ってくれて、うれしかった。こんなにうれしいことは、はじめてだった。2回戦で負けてしまった。でも全然くやしくなかった。逆にとても満足した。そのとき僕は、チームという言葉のほんとうの意味がわかりました。

・とくに僕は、集中することを学んだ。受験勉強も同じだと思った。集中して何かをすることが大切だと思った。ロボットを作っているときは、時間を忘れた。時間を感じなかった。気がつくと、いつも終わり5分前だった。僕は、はじめは驚いた。それほどロボコンに集中していたということだ。

・ロボットができたときは、まるでいままで、たんなるゴミとしか見られなかったものが、一つの物に生まれ変わったかのように思えた。

・持てる力をすべて、僕たちに注いでくれた下山先生、本当に感謝しています。だから将来どんなつらいことがあっても、このロボコンのことを思い出して、乗り切ろうと思っています。そしてこのロボコンの事は死ぬまで忘れません。

物は、人間が利用するためだけの存在だろうか?

ロボットという物に対してのこれまでの常識は、「人がいやがる労働を代行するもの」とか、「融通の利かない無知の代名詞」、あるいは「人を攻撃してくる恐ろしい機械」などというものではなかったでしょうか。最近ではペットロボットというものも現れましたが、少なくともロボットは人間の目下としてのものでした。

しかし、前記のように「ロボット来たってわれを照らす」となったわけですから、ロボットは目下どころではなく、恩師なのです。いや恩師どころか、子供たちを仏道に導いて下さった仏さまあるいはボサツさまと言ってもよろしいのです。こういうわけで、「ロボットにも仏性《ぶっしょう》がある」とハッキリ言うことができるのです。

仏教では、道に落ちている石ころひとつにも真理が入っており、仏性があると教えますが、そのことは、ここに述べてきた角度からも、(ロボットの延長線上のこととして)納得できるでしょう。

世間一般では、「物」は、人間が便利をし、欲望を満たすための材料です。つまり、人間の生活のために「物」を利用するということですから、人間が「上」であって、物が「下」になっています。そしてさらに進んで「物」は資本を増やす手段にもなってきました。とくに財テクブームが起こってからは、これはいちじるしくなりました。

このような立場からすると、「物」はお金に換算できる計算の対象（相対的なもの）となっているわけです。

しかし仏教では、「物」は計算の対象としてではなく、合掌の対象とされています。「物」に合掌し、使用し、消費し、その「物」に仏性がそなわった絶対的なものと考えるのです。ですから人間と物とは平等の立場にあって、上下はないとするのが仏教の立場なのです。

「物」に対して仏性を感じられると、物に向き合ったときに心が安らかになっていくでしょう。すぐには我慢という言葉と結び付かないかもしれませんが、こういう心持ちを知ることが、上手な我慢の技術のひとつでもあると言えるのです。

心を落ち着かせよう。そのために必要なこと

心を落ち着けて、波がまったく立たないようにするには、坐禅に限ります。

前にも述べましたように、今すぐお子さんに坐禅をおすすめになることはないと思いますが、機会があれば、指導者について坐禅の初歩を体験されるのは、好ましいことです。

坐禅についてはいろいろ指導書*も出版されていますし、指導しているお寺や道場も少なくありません。インターネットで探せばいろいろ見つけられます。

（*中野《なかの》東禅《とうぜん》著『心が大きくなる坐禅のすすめ』三笠書房。文庫本である。在家の身になって懇切ていねいに書かれているので、推薦したい。正式の坐《すわ》り方はもちろん、椅子坐禅・風呂坐禅・通勤電車の中での坐禅などまでも説明されており、寺での坐禅では習えないことにも言及されている。読めば、これならば実際に長続きするという気がする。）

坐禅は、すくなくとも、あるていどの段階までは、前記によって探した寺や道場で、専門家について習われるのがよろしい。寺や道場は坐禅に適した静寂な環境にあることもその理由のひとつです。しかしそれがかなわない場合は、前記*の書に従われることをおすすめします。ここではことの順序として、以下に坐禅の仕方を必要最小限述べておきます。

満腹のときとか、ひどく空腹なときは避けます。寝不足・寝過ぎもよくありません。静かな場所を選びます。このごろの家庭環境では、静かな場所をえらぶことさえもむつかしいでしょうが、家族に協力してもらって、テレビの音、電話の声、人の会話などが聞こえないようにします。薄暗く風のこない場所が適しています。

座布団を二枚用意し、床または畳の上にその一枚を敷いてそこにあぐらをかいて坐ります。

他の一枚は二つ折りにしてお尻の下に敷きます（坐蒲《ざふ》という）。これはお尻を高くして坐りやすくするためです。坐蒲はあまり深く敷かず、正式に足を組んだとき、両ひざにも体重の一部がかかるていどに、浅めに敷きます。

靴下は脱いでおきます。眼鏡も外します。ズボン（スラックス）のベルトはゆるめ、下腹で腹式の深呼吸が楽にできるようにします。要するに体を締め付けているものをなくするのです。

坐禅の順序は、まず体の姿勢を調《ととの》え、ついで呼吸を調えます。すると、ひとりでに心が調います。

［姿勢の調え方］——坐った仏像の姿に

まず右足を左股《もも》の上にのせ、つぎに左足を右股の上にのせます。これで足を組んだことになりますが、この組み方を**結跏趺坐**《けっかふざ》と言います。体がかたくて結跏趺坐ができないときは、左足を右股の上にのせるだけでもよろしい。これを**半跏趺坐**《はんかふざ》と言います（結跏趺坐にしろ、半跏趺坐にしろ、左右の足を逆にしてもよろしい。前記＊の本の51ページを参照）。

大切なことは、両ひざが床に（座布団に）ついて、両ひざと、お尻と頭とで四面体ができるかっこうになることです。ひざが浮き上がっていては、体が安定しないのでだめです。体がかたくてこの姿勢がうまく組めない方は、もう一枚坐蒲を増やしてお尻を上げてみるなど工夫をするとよいでしょう。それでもだめならば、無理をせずに正座でやります（正座も無理な方は、前記＊の本に椅子に腰掛けてする方法も説明してありますので、参照して下さい）。

次に、右手のひらを上に向けて足の上（下腹のすぐ前）におき、左の手のひらを上に向けてその上に重ね、両手の親指は先がかすかに触れるていどに互いに合わせます。すると両手で卵形の空間ができます。腰を立てて、下腹を前下に突き出すようにし、背骨を真っ直ぐにのばします。ややあごを引いて頭のてっぺんを天に向かって突き上げるようにし、頭は前後左右に傾かないようにします。

両くちびると上下の歯は軽く合わせます。舌を上あごに付けると、坐禅中に唾液が出るのが抑えられます。

目は半眼（半分閉じる）にして、視線を前方約一メートルのあたりに静かにおとします。目を開いているといろんなものが見えて精神集中ができませんし、閉じると眠くなるので半眼がよろしい。視線は、気がめいっているようなときには、やや上向き、つまり一メートルよりも先を見、気があばれているときには、もっと下向きにするとよいです。

このようにして体の準備ができましたら、腰から上だけを前後左右に数回ゆっくりゆすって体を落ち着かせ（はまりこむべき所へはめるという感じ）、いったん姿勢が決まったならば、後は坐禅が終わるまで、一時間なら一時間の間は、絶対に動かないことが大切です。その間に動いているのは、心臓と腹式呼吸の下腹だけとなります。
要するに、坐った仏像の姿になればよいわけです。

［呼吸の調え方］

体が調ったら、次は呼吸を調えます。呼吸は腹式で鼻を通して行います。胸で呼吸してはいけません。最初に腹式で一回大きく深呼吸をします。このときだけは、鼻で吸い、吐くのは口からハーッと吐きます。

その後はゆっくりと静かに腹式呼吸を続けてゆくのです。すると時間と共にしだいに心が落ち着いて、呼吸回数もへってきます。ふつう大人は一分間に十数回呼吸をくりかえしていますが、それが十回になり、五回になり、筆者の場合は一分間に二回までくらいになってゆきます。筆者の師である老大師は、三分間に一回くらいにまでもなられます。最小限のエネルギーで生きているという感じです。いわば、生きたまま死んだようになることです。

［心の調え方］

無心になることが大切ですから、何も考えてはいけません。考えてはいけないということすら、思ってもいけないのです。

しかし実際は、坐禅を開始するといろんな考えが次から次へと立ち現れて、「何も思わない、考えない、ということは、こんなにも難しいことか！」と感じます。

そういった何か（妄想《もうそう》）が現れたら、「これはいけない」などと思わず、相手にせずに放っておくとよろしい。追いかけないことです。そうすれば、ひとりでに向こうから消えてゆきます。こういった妄想を一呼吸一呼吸吐き出すように息をするのです。

入門のうちは気が散らないように（数息観《すそくかん》といって）息を心の中で数えるという単純なことだけに集中するのがよろしい。「ひとおーーーーーつ」と数えながらゆーーっくりと息を吐き、吐き終わったら腹をふくらませて静かに深く空気を吸い、吸い終わったら、「ふたあーーーーーつ」と吐きます。これをくりかえして「とーおーーーーー」と十まで来たら、一へもどって、「ひとおーーーーーつ」からやりなおすのです。単純なことに集中していますから、ついつい一へもどることを忘れて、十一、十二とやってしまうこともありますが、それでもかまいません。

息は短く吸って、長ーーーーく吐くのがよろしい。筆者は五秒くらいかけて吸い、二十五秒くらいかけて吐いています。すこしなれてきますと、息の吐き方に乱れがなくなって、すーーーっと、大地にキリを突き刺してゆくような感じで吐くことができるようになります。

こうしていると、ひとりでに下腹に力が満ちてきます。手の感覚がだるくなり、そのうちにその感覚も消えてゆきます。額がひんやりして顔が青ざめてくるのがよいと言われています。こういう状態を「禅定《ぜんじょう》」と言います。絶対の静けさというような状態で、耳が非常によく聞こえるようになり、お寺での坐禅ですと、線香を一本立ててするのですが、その線香の灰が落ちる音まで聞こえるようになります。遠くの電車の音や工事の金槌の音など騒音が聞こえ出しますが、気にとめずに放っておくのがよろしい。

はじめのうちは、足が痛いだけに終わりますが、何回も坐禅しているうちに、足のことよりも眠気が襲ってくるようになります。さらに続けてその状態を通り過ぎますと、坐禅もほんものの段階に入ります。すると、魔《ま》と言いますが、いろんな妄想がわき出してくるようになります。それを一つ一つ「むーーー」で決闘して殺してゆくのです。

疲れていると妄想は出にくく、禅定に入りやすいのですが、眠くなります。気を付けなければならないのは、観音さまや仏さまが現れたときだと言います。うっかりすると、坐禅中に仏さまに出会ったのだから、悟ったのだと錯覚するからです。ところが本当はその仏は妄想なのです。本当の世界は「無」なのです。自分が消えて無に成り切ることが大事です。

ちょうどジェット機に乗って窓から外を眺めると、無限に広がった雲海の上を飛んでいることが分かりますが、あのような気持ちになればよいのです。

禅定に入ると、心はまったく波立たない池の表面のように静かになります。この状態は鏡にもたとえられています。禅定をとおして、無色透明の清らかさ、美しさが分かってきます。心は禅定によって宇宙全体に広がります。

禅定は、ぼんやりして、もうろうとなっているのではありません。リラックスしてはいるのですが、集中力がみなぎって、火事でも起これば、すぐに飛び出せるような状態になっているのです。

もう何回も述べましたが、「一つ」は仏教の要《かなめ》です。ゆえに、自分が坐禅をしているという気持ちでなく、〝坐禅が坐禅をする状態〟になることが大切です。自分が「坐禅をしている」という気持ちがある間は、心が「自分」と「坐禅」との二つに分かれているわけです。しかし〝坐禅が坐禅をする気持ち〟では、一つになっています。それでこそ言葉どおり精神統一になっているのです。

たとえば坐禅中に雨が降り出したとしましょう。そのとき「雨の音が聞こえる」という感覚ですと、まだ二つです。つまり雨の音と、それを聞く自分の二つに分かれているわけです。どういった状態になれば「一つ」かと言いますと、「ぽたり、ぽたり」(雨の音)だけの世界に入ればよいのです。

［坐禅を止める］――赤ちゃんを守るように大切に

坐禅を止めることを「出定《しゅつじょう》」と言います。

寺や坐禅会では、線香一本が燃えきる時間（四十〜五十分）が目安になっていますし、また、係が打つ小さい鐘の合図にしたがって坐禅を解けばよいのですが、自分ひとりでするときには、坐禅をはじめる前にタイマーをセットしておきます。カチカチと音のしないタイマーがよいですから、携帯電話の目覚ましモードなどが適しています。

坐禅を止めるにあたっては、いきなり立ち上がらずに、静かに体を動かし、もしも足がしびれている場合には、足を解いてしびれがもどるまで待ってから、静かに立ち上がりましょう。しびれたまま立ち上がりますと、倒れて怪我をすることがありますから気をつけて下さい。

そして、坐禅で得た、自由ですがすがしい安定した心のあり方を失わないように、日常のすべてを坐禅とこころえて生活するのです。

「この心の状態を守ることは、赤ちゃんを守るように大切に、細心の注意を払え」と昔の人は教えています。

コラム 精進料理《しょうじんりょうり》とは、坐禅がうまくいく料理

精進料理というと、肉や魚を使わない野菜ばかりの料理だと、ふつうには思

われているようです。そしてそれは、生きものを殺さずに料理が作れるからだと考えられているようですが、その考えはどうかと思います。野菜のような植物にもいのちはあるのですから、精進料理を食べているから殺生《せっしょう》していないなどというのは思い上がりです。

食事には、他の生物のいのちをいただくという、きびしいところがあります。殺生せずに食事はできません。ご飯だって、稲のいのちをいただいているのです。ですから、食事の前には「いただきます」と言って合掌し、食事がすんだら「ごちそうさまでした」と手を合わせるのです。

ところで、筆者の師である後藤榮山老大師《ごとうえいざんろうたいし》が、ご自分での発見として、こんなことを言われました。

「大摂心《おおせっしん》といって、一週間毎日、朝の三時から夜の九時まで坐禅をし抜く修行があるが、そのときの食事には非常に気をつかう。肉を食べると坐禅がうまくできなくなるし、一週間の途中でカレーライスなどを食べたら、それまでの三日間のせっかくの坐禅の効果がメチャメチャにこわれてしまう。禅宗では坐禅のことを精進と言うが、精進料理とは坐禅がうまくゆく料理のことだ」

と。筆者もなるほどと合点できました。

知ることよりも、考えること・気づくことを大切にしよう
——知識と知恵のちがい

これまで、心の毒を消そう・人に尽くそう・心をコントロールしよう・腹を立てないようにしよう・なんでもそれに成り切るまで一生懸命やろう・物に対する見方のレベルを上げよう・心を落ち着かせようと、いろいろ仏道について述べてきましたが、それらはすべて、仏教でいちばん大事にされる「知恵」のため、「知恵」を出す準備だったのです。

それで、知恵についてですが、どうも一般では、「知識」と「知恵」がはっきり区別されることなく使われているように思われますので、まずここで、知識と知恵のちがいを説明しておきたいと思います。

「知識」とは、ある事柄についていろいろと知って得たことを言います。テレビにはいろんなクイズ番組がありますが、それらはすべて知識を競うものです。そしてかならず正解はひとつに決まっているのです。また知識は「得る」と言いますから、外から頭の中へ取り入れるものです。

これに対して「知恵」は、知識以上のもので、物事の道理や筋道が分かり、それを実際に使

っていく力のことを言うのです。筆者は、テレビ番組で知恵を育てているものはNHKのロボコン番組だけだと思います。「もっと知恵を出しなさい」というような言い方があるところから見て、知恵は知識とは方向が逆で、頭の中から外へわき出るものと言うことができます。

簡単に言えば、知っているのが「知識」、考え出し応用するのが「知恵」ということになります。

仏教の教えは、ただ一回聞けば、分かって応用が利くというようなものではありません。聞くだけでなく、心を落ち着けて、それをかみしめ、その教えはどういうことなんだろうと知恵を使って考え、あ！　そうか、そういうことなんだ!!　と気づいてこそ、本当に分かったことになるのです。そして分かった分だけ知恵は大きくなり、考えた分だけ深くなっていくのです。

大人が仏道を歩く場合には、情報社会に毒された知識はむしろ邪魔で、知恵こそが大切だと言えるのですが、お子さんの場合には、まだ知識も必要ですから、知識も知恵も共に大事だと言わなければならないでしょう。

ともかく、知恵は非常に大事なものですから、章を別にして、つづく第四章と第五章でいろいろ解説することにします。

第四章 仏教の知恵ってどんな知恵

「知恵」は悟りの鍵である

たまたま我慢という言葉を本書ではあげてはいますが、仏教というものは、それだけではなく、たいへんたくさんの知恵を得られるものです（しかし考えようによっては、すべてが我慢につながるとも考えられます）。

ここで、知識と知恵というものが違うものであることを、最初に理解してください。知識は入れる情報であり、知恵というのは自分の頭で考えて自分の中から出てきたものなのです。

般若心経《はんにゃしんぎょう》という有名なお経があり、広くゆきわたっていますが、この般若は、もともとサンスクリット語で「知恵」を意味する「パンニャ」の発音を漢字に当てたものです。このことにも表れているように、知恵は悟りの鍵なのです。

ですから仏教は、ありもしない幽霊のようなものを信じる宗教ではありません。ちゃんと理にかなった学問の裏付けがある宗教です。といっても肉眼で見えるものだけを相手にしてはいません。肉眼では見えないが「心の眼（心眼）」では見えるというものを大切にしています。

仏教の知恵は心の眼を開かなければ理解することはできません。その心の眼を開くための方法として前の第三章はあったのです。

この章では、無数にある仏教の知恵の中から、重要なものをいくつか選び出して説明しようと思います。仏教の知恵はたいへん深いものなので、どうか心の眼を十分に見開いて、味わって下さい。

ふつうには見えないことが見えるようになる

仏教では「ありのままを見よ」とやかましく指導します。それは、人間には「錯覚」や「思い込み」「とらわれ」などがありますから、ありのままに見ることはなかなか難しいからです。わたしたちはこの世の中をありのままに見ているように思っていますが、仏教はそうではないと言います。そして、この世の中の本当の姿を正しく見よと迫ってきます。この世の正しい姿というか、本当の有様を知らなければ、根本から救われることも、悟ることもできないからです。

正しく見ることの難しさ――「言葉」が真実の邪魔をしている

幼稚園児とか小学校一、二年生が描いた絵を見ますと、クレヨンで空を青色に塗り、その中に輝く太陽が赤く描いてあるものが少なくありません。

これはまさしく、ありのままに空や太陽を見て描いたのではありません。空を観察してみれば、たしかに空は青いときもありますが、灰色や銀色のときも多いではありませんか。本当に空を見てそのとおり描いたのならば、青色一点張りということはないはずです。太陽にいたっては赤いのは朝日と夕日だけであって、昼間の太陽は白色です。だれが教えたのか、いつのまにそういう習わしになってしまったのか、子供にとって、空は青色、太陽は赤色です。これはありのままではなく、先入観による思い込み（固定観念）というものです。指導者である大人が、そのように思い込ませてしまっているのかも知れません。

木の葉の色は緑、というのもそうです。筆者の部屋の窓のすぐ外に柿の木があり、たくさんの葉がついていますが、光線が反射して輝く銀色の部分もあり、光が透き通ってうす緑に見える葉もあり、陰になっている葉は黒色です。濃い緑に見える葉もあります。これがありのままなのです。全部の葉がおなじ緑色ではありません。

こういう思い込みの原因としては、意外でしょうが、「言葉」があげられます。仏教は、「本当の真理は言葉では表せない」とか、「言葉に気をつけよ」とかと言いますが、ありのままに見ることを言葉がさまたげていることは事実です。われわれは言葉にだまされるのです。

たとえば１４２ページの図（上）の（a）と（b）とを見くらべると、（b）の方が下手なデッサンであることが分かります。（b）はなぜ下手かと言いますと、描いた人が「今描いているのは顔だ」という気持ちを持っていたので、「顔ならば、左右の目は同じ大きさだし、鼻は真ん中にある」という知らず知らずのうちの思い込みがあり、その思い込みに引きずられてしまったのです。つまり「顔」という言葉が悪さをしたのです。ななめ横から顔を描いているのですから、当然（a）のように、近い方の目は大きく、向こう側の目は小さく見えるはずですのに。

ですから、歴史に残る世界的に有名なフランスの画家、クロード・モネは、忠告しています。「あなたが絵を描きに外へ出たら、目の前に何があるか——たとえば、樹木があるとか、野原があるということを忘れようと努めなさい。そして、ただ、青い小さな四角形があるとか、ピンクの楕円があるとか、黄色いしま模様があるとか、ということだけを思って、見えたとおりに正確に形と色を描きなさい……」と。

ありのままに描くには、そこに樹木があると思うな、野原があると思うな、今描いているのは顔だと思うな……。つまり「言葉で描く対象の意味（木とか野原とか顔）を考えると、その意味が思い込みをさそい出して邪魔をするので、いい絵は描けないよ」というわけです。つまり「言葉を持たない頭のいい犬になったつもりで、意味をはなれて対象を見よ」ということです。

モネは仏教を知らなかったでしょうが、どの道でも達人になると、仏教の教えと同じ考えになってくるようです。

言葉が見方を狭くしている例として、ポスターを書くときに使う油性のマジックインキをあげましょう。マジックインキを差し出して、これは何か？　と聞けば、おそらくほとんどの方がマジックインキと答えられると思います。そしてそれをマジックインキと見るのは、ありのままだと思われるでしょう。たしかに、それを鉛筆と見るよりは正解に近いわけですが、仏教が教えるありのままの見方ではないのです。

142ページの図（下）に示すように、マジックインキという言葉を外してその構造を見ると、外はガラスのビンでその中に燃料が入っており、そこからシンが出ています。するとこれはアルコールランプでもあるわけです。事実ライターで火を点ければ炎が出て燃えます（ただし、危ないですから実験はしないで下さい）。

このように、マジックインキであると同時にアルコールランプでもあると見るのが、本当のありのままの見方なのです。人によっては、そんな見方はひねくれた見方だとおっしゃるかも知れませんが、そうではありません。

もうひとつ例をあげましょう。ビルの階段は、文字（言葉）からすれば、たとえば二階から三階へ行く階の間にある段々だということになりましょうが、階段の忘れてならないはたらきは、煙突なのです。一階から屋上にわたる吹き抜けの空気の通り道が、階段によって出来ているのです。階段は、階段でありながら、同時に煙突であるため、ある階から出た火災は階段をとおして他の階へ移ってしまいます。ですから階段の所の扉は鉄で作られています。

言葉にだまされて真実を見ていない例は、この他にもたくさんあります。

たとえば床に落ちている物を拾うという動作がありますが、「拾う」という言葉を外して、体について、また筋肉の動かし方に関して、冷静に見ると、あれは「体を前へ倒す」という体操をしているのですね。

また郵便局からハガキが配達されてきますが、言葉では「ハガキが来た」ということになるのでしょうが、目を重量に向けて見れば、来たのは体重数十キログラムの配達係と数十キログラムのバイクがほとんどで、ハガキの重さなどは問題にならないほど軽いのです。

――こういう見方を、とらわれのない自在な見方と言います。ありのままに見るには、自在な見方の訓練が大切です。

以上のいくつかの例から、ありのままに見るには、すべての思い込み、先入観などを払いのけて、本当の姿を深く見通す力が必要だということがお分かりいただけたと思います。

この世の本当の姿（実相）を見る――「エネルギー」は見えない

ふつうには見えないことを見る中で、いちばん大切なのは、この世の本当の姿（実相《じっそう》と言い

(a)

(b)

●本当は(a)のような顔を、初心者は、左右の目は同じ大きさ、
鼻は顔の中央という先入観にわざわいされて、
(b)のように描いてしまう

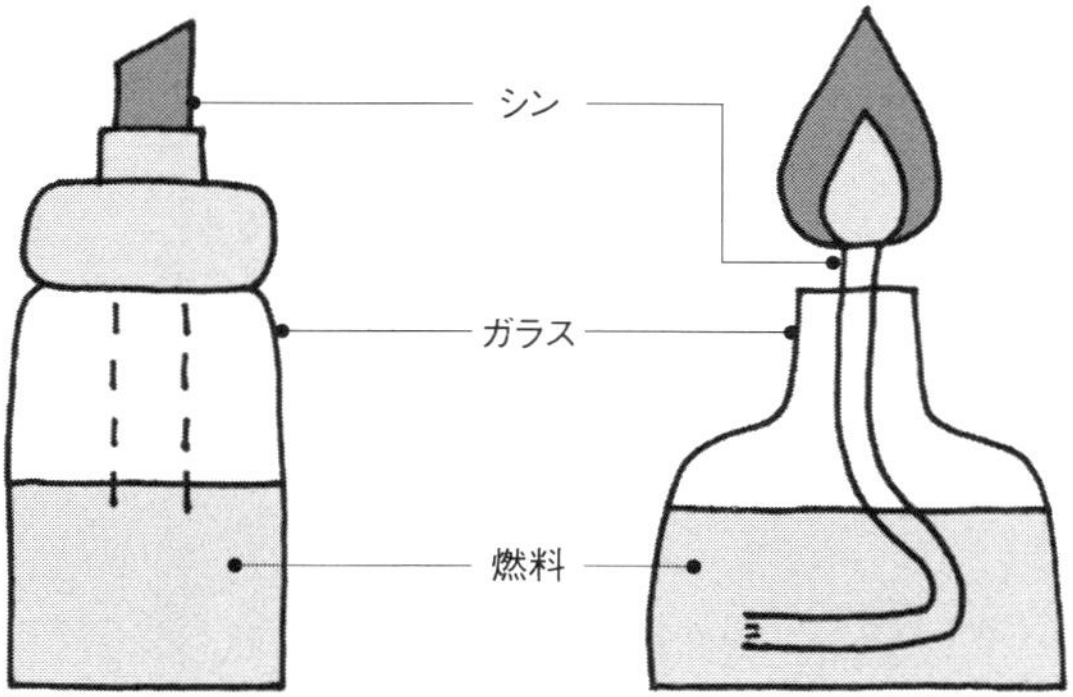

●マジックインキとアルコールランプ

ます）を見ることです。

心眼を総動員して、よくよくこの世を見ますと、われわれが目で見たり、耳で聞いたり、手で触ったりすることのできるような物事（これを現象世界《げんしょうせかい》と言います）の奥には、第一章で述べた「宇宙のはたらき」があることが分かります。この「宇宙のはたらき」は真理とも宇宙の大生命とも言われますが、仏教ではこれこそが本当の姿、実相《じっそう》だと言います。

ということは、ふつうの常識とはちがって、「宇宙のはたらき」こそが本物で、われわれが目の前に見ている現象世界は、うわべの仮《かり》のものであるということになるわけです。そして、現象世界は、幻《まぼろし》のようなもの、影のようなもの、残像のようなもの、響《ひび》きのようなもの、夢のようなものと、たとえられているのです。

この本物の世界にどっしりと腰をすえることができれば、仮である現象世界のさまざまな表面的な現象にとらわれて心が振り回されることはなくなります。

（ここで述べていることは非常に深く難しいことなので、今すぐにお子さんにはお分かりにならないと思います。仏教をする大人ですら、これを分かろうと、懸命に修行をするのですから。しかしこれは仏教のいちばん肝心要《かんじんかなめ》のところですから、お分かりになるのは成人されてからでかまいませんので、そのときの楽しみとして取っておかれるのもひとつの選択肢です。）

なおこのような肉眼では見られないものを見るときは、「見」でなく「観」という字を使って「観《み》る」と書くのが正式ですが、本書ではやさしくするために、「見る」を使ってゆきます。

この本物である「宇宙のはたらき」は、今日の物理学ではエネルギーということになっています。エネルギーは真空の中にさえもみなぎっていると言われていますから、この宇宙はエネルギーで満ちているというわけです。

エネルギーについては、みなさんお分かりのとおり、電気の姿をしたり、石油の姿をしたり、水の流れの勢いという姿をしたりというふうに、いろいろな形でわれわれの目の前に現れますが、エネルギーそのものは目にも見えず、手でも触《さわ》れません。それにもかかわらず、だれもがエネルギーが存在することを疑いません。

しかも、ここが大切なところですが、現象界に現れたものごとは、じつに千差万別で変化してとどまることがありません。

しかしその根本であるエネルギーは、ただ一色《ひといろ》で、その中に差別はなく完全平等で、自他の区別もなく、大きいとか小さいとか、生じるとか消えるとか、好きだとか嫌いだとか――こういうことを相対的《そうたいてき》な概念《がいねん》と言います――そういう相対的なことを超越した永遠のものなのです。これが納得できると、この世の本当の姿（実相《じっそう》）が分かるのです。

ところが、多くの人々はこのことを知らないので、目の前に現れたものごとだけを見て、これは得だ、これは損だ、これは好きだ、これは嫌いだと、自分勝手な計算やその場の感情で心がゆり動かされて、さまざまに苦しみ、そのあわれな状態から抜け出すことができないでいるのです。

これに対して、この世の本当の姿を知れば、自分をふくめてすべてのものに仏性《ぶっしょう》（第二章54ページ参照）があることがハッキリと分かります。自分とはただこの体だと思い込んでいたのが、大宇宙へと広がります（第五章222ページ参照）。自分と大宇宙とは一体だという気がしてきます。すくなくとも自分の中に宇宙の大生命、真理が宿っていることに気づきますので、大きな、ゆるがない自信がわき出ます。また、たとえば、大本《おおもと》の完全平等が分かりますから、目先の不平等などに不平をいだいて悩むようなことはなくなりますし、また人を見下して、いばるということもしなくなります。

完全平等を教えるのに、禅宗では、雪景色を使います。すべてが白銀におおわれて一様になり区別がつかなくなった世界です。

ともかく、この世の本当の姿（実相）が分かることは、仏教の知恵の基本の中の基本です。

心のコントロールしだいで物事の善と悪が入れかわる

三性と無記――世界中で、仏教哲学だけが発見したこと

ほとんどの方は、「これは善《よ》いことだが、あれは悪いことだ」というふうに、善いことと悪いことが決まっていると思っておられるようです。あるいは、少し考えを進めて、すべてのものごとには善と悪との両面があるのだと、考えておられる方もあるのではないでしょうか。

善悪の考え方は、毎日の生活に欠かすことができないものであるのに、世間一般ではあいまいなままに事柄が進められていると思われます。

しかし仏教の知恵のひとつである「三性の理《さんしょうのり》」は、善悪をまことに明確に教えてくれるのです。以下それについて解説しましょう。

広いこの世界には、いろいろな思想（考え方）があります。それらは哲学《てつがく》とも言われています。たとえばヨーロッパには、デカルト・カント・ヘーゲル……などが打ち立てた大哲学があり、東洋には孔子の儒教《じゅきょう》などがあります。

そういう多くの大哲学の中で、これから述べる「無記《むき》」という考え方を発見したのは仏教哲

学だけです。これはすばらしい知恵です。

「無記」とは、善でもなく悪でもないものごとのことです。あるいは善悪が出る以前のものごとと言ってもよろしい。

この無記の「記《き》」とは、これは善いから○、これは悪いから×、というように○×のしるしを付けることを言うのです。それで、無記とは、そういう「記」ということが「無い」から、すなわち、「善でも悪でもない物事」という意味になるわけです。

それで、「善・無記・悪」の三つを、仏教では「三性《さんしょう》」と呼びます。三性は今日では「さんせい」と読むのでしょうが、仏教の昔からのならわしでは「さんしょう」と読みますから、それにしたがっておきます。

三性の理は、この善・無記・悪の三つの間の関係についてハッキリと教えてくれるのです。

説教強盗の話――使い様で、善にも悪にもなるものとは？

話が脇道へそれるようですが、ここで、風変わりな説教強盗《せっきょうごうとう》の話をさしはさみます。

大正十五年から昭和四年までの間、説教強盗というのが東京は中野、新宿などに出没しました。戸締まりの悪い家に押し入って現金や貯金通帳をおどし取ってしまうと、ゆうゆうとたばこを吸いながら、戸締まり用心について説教をしてから引き上げるというふらちな奴《やつ》で、有名になり恐れられましたが、昭和四年二月、米屋に残した指紋をきっかけに警察につかまり、無期懲役になりました。

しかし昭和二十二年十二月、仮釈放で秋田刑務所を出所しました。この強盗はその後、心を入れかえ、宗教団体や社会事業団体に招かれて講演したり、浅草のロック座のゲストとして特別出演するなど引っ張りだこになりました。

また彼は、一軒一軒をたずねて、自分がやった手口を説明し、戸締まりを指導して防犯の実を上げたということです。

考えてみれば、実地経験くらい強いものはありません。戸締まりについて、彼以上の先生はないわけです。彼は警察の防犯の専門家よりも強盗の手口についてはくわしく、実地経験からにじみでた細かな指導ができたのでした。

常識では、彼は前歴からして、講演会の講師をつとめるような資格などない悪人でした。しかしその悪人が、防犯の講演という善行をするようになったのですから、まさに悪人が善人に逆転したことになります。仏教では「とらわれないこと」がいのちですから、強盗のような悪人は死ぬまで悪人だというふうに固定した見方、考え方はしません。

お釈迦さまは、たとえば、「名前によって医者なのではない。行いによって医者なのである」と説《と》いておられます。「医師の免許を持っているから、あるいは医院を開業しているから医者なのではなく、人の病気を治す行いをするから医者なのだ」というわけです。

この「行いによって」という点が重要なのです。

ゆえに、強盗をはたらいたときは悪人でも、防犯にいそしめば善の行いをしたのですから善人です。

世間では、いちど悪人のレッテルを貼られてしまうと、その悪人は永久に悪人にされてしまい、そこに救いはありませんが、真実はそうではなく、悪人でも、心を入れかえれば善人になることができるのです。こういうところが、ふつうの考え方と仏教の考え方とのちがいのひとつです。

ここで注目していただきたいことは、悪人から善人への転向に際して、彼が変えたものについてです。いったい彼は何を変えたのでしょうか？

——それは、戸締まりについての豊富な知識ではなく、その知識はそのまま保有しながら、その知識を使う方向だったのです。もしも強盗時代に得た戸締まりの知識を、改心のときに捨ててしまったとしたならば、防犯の指導はできないわけです。キーポイントは、知識を使う彼の心の転換にこそあったのです。

ふつうならば、悪人を善人に変えるに際しては、彼の悪い部分を〝とり除く〟という発想になるでしょう。すなわち悪い部分は外科手術のように切り取って捨ててしまい、善い性質だけを育てようとするのが常識ではないでしょうか。しかしこの場合は、戸締まりにくわしいという彼の特性を取り去ったのではありません。彼が戸締まりにくわしいということは、なんら変わっていないのです。

彼の心の転換によって、戸締まりにくわしいという彼の特性が生かされることになったのです。彼は救われたのです。この点がきわめて重要です。心眼を開いてほしいのは、「切除」ではなく「転換」ということの深い意味についてです。

ここで読者は「戸締まりにくわしい」ということは、悪にもなり善にもなることが理解できたでしょう。この、悪にもなり善にもなることができるもの、それは冷静に考えれば善悪以前のもの、善でも悪でもないものだと気づくわけで、これが仏教でいう「無記」なのです。これは世間の平凡な見方を超《こ》えた、鋭い見方です。

この説教強盗の話の要点は、「戸締まりにくわしい」ということは善でも悪でもない無記であるということ。そして、その「戸締まりにくわしい」ということを使う人間の心がコントロールされていないと（つまり悪い心で使うと）強盗という悪になるが、心がコントロールされていれば（つまり善い心で使うと）防犯という善になる、というのが第一点です。

すなわち、無記は使いようで善にも悪にもなるのです。あるいは無記という一つのものから、善と悪という二つが発生すると見てもよろしい。

第二点は、心は悪から善へ（逆に、善から悪へも）変えることができるということです。心のコントロールができれば善い心になりますが、コントロールが利かなくなると悪い心に転落してしまいます。第三章で心をコントロールすることの大切さを強調したのは、このためでした。

三性の例いくつか――「メス」で人を殺し、「ドス」で人を救う!?

以上、強盗を例に「三性の理」の要点を説明しましたが、頭を澄ませて154ページの表「三性の例」をじっくりと味わって下さい。今説明した説教強盗の例（第1行）をふくめて十例ほどあげておきました。

三性の理は、右で述べてきたように「無記という一つのものから善と悪という二つが出る」というふうに見ることができますが、逆に「善と悪という正反対の二つのものに共通する一つのものを見出せば、それは無記というものである」とも見られるのです。

たとえば第2行で、「汚《よご》す」と「書く」との両方におなじ面を見つけると、それは「白い紙に黒い跡をつけること」となります。これが無記です。その無記である〝ついた跡〟について、気に入った場合は「書いた」ということになり、ついた跡が都合の悪いときには「汚した」ということになるわけです。

〝書けないもの〟にはインクや墨がのらないので汚せませんし、逆に汚すことができるものならば、それで書くことができる……という理《ことわり》になります。

してみれば、気に入るとか、気に入らないとかという人間の心（価値判断）を抜き去ってしまえば、そこにはただ、跡がついたという一つのことだけがあるわけです。人間は、一つのことを、書いたの汚したのと正反対の異なった二つのことだと見て、場合によってはけんかしたり、叱ったりして苦しんでいるわけですが、ネコが見れば同じなのです。

人間は好き嫌いという自分の心にだまされて、一つのものごと（無記）を、正反対の二つ（善・悪）があると錯覚して苦しんでいるのです。

至道無難禅師《しどうむなんぜんじ》は、

己《おの》が身に化かさるるをば知らずして
きつねたぬきを恐れぬるかな

（公田連太郎編著『至道無難禅師集《しどうむなん》』春秋社、p.25）

と詠《よ》んでおられますが、仏教では、「自分自身にだまされることに注意せよ」と教えます。

振り込め詐欺にだまされないようにすることも大切ですが、それよりももっと気をつけなければばならないのは、自分が自分にだまされることです。

話をもどしますが、自分の気に入るように跡をつけるには（つまり書くには）、腕のコントロールが必要ですから、練習しておかなければなりませんし、同時に余計な跡をつけないように（つまり汚さないように）注意もしなければなりません。そうすれば、「書く」という「善」が出現するのです。練習もせず、注意も怠れば、「汚す」という「悪」が現れます。これが表の第2行の意味です。

無記を善として活かすための要点は、コントロールにこそあるのです。

第3行の「自動車」と、第4行の「火」は、説明するまでもないでしょう。5行目の「腐る」と「発酵《はっこう》」の行を考えれば、この二つは現象としてはまったく同じなのに、微生物のちがいだけで善と悪に分かれてしまうことが、よくお分かりになると思います。

6行目は、三性の理の代表のような例です。この行さえ分かれば三性の理が理解できたことになります。「ドス」とは胸の中にかくして持ち歩く短刀のことで、「メス」は外科医などが手術に使うナイフです。どちらも生きた人間の肉を切って血が出ますが、一方は人殺しを目的とし、もう一方は人助けを目的としている点がちがうだけです。しかも大切な点は、メスでもそのつもりになれば人を殺せますし、ドスでも簡単な手術ならば行うことができるということです。すなわち善と悪のちがいは、ドスとかメスという刃物（体の外側のもの）にあるのではな

三性の例

悪	無記	善	無記を善に活かすコントロール
1 強盗	戸締まりにくわしい	防犯	心のコントロール
2 汚す	跡をつける	書く	練習と注意
3 走る凶器	自動車	救急車	運転技術と注意
4 火災	火	煮炊き・消毒	火の用心
5 腐る	微生物のはたらき	発酵	微生物を選ぶ
6 ドス	先がとがった鉄のへら	メス	執刀者の心と腕のコントロール
7 CDにほこり	プラスチックに静電気	コピー	帯電のコントロール
8 破壊	爆発	エンジン	安全に爆発させる
9 戦い	正義感	平和	とらわれない心
10 核爆弾	原子力	発電	原子炉のコントロール

くて、その刃物を扱う人の心（内側のもの）にあるということです。

しばしばテレビや新聞で、ナイフや包丁による殺傷事件が報道されますが、その後まもなく刃渡り何センチ以上の刃物は持ち歩き禁止というおふれが出ます。しかし、そうしてドスはなくせましょうが、メスをなくすることはできませんので、心の曲がった人が外科医のところからメスを盗み出して殺傷事件を起こすことだってありえます。また、包丁をなくしたら食事を作ることが不可能になりますから、包丁はなくせません。したがって殺傷事件をほんとうになくするには、すべての人の体の内側のものである心を調えて、悪い心を消し去るよりほかに方法はないのです。ここからも筆者は仏教を広める必要を痛感します。

発明のコツは三性の理にある――「悪」に腹を立てなければ、世紀の発明が可能に！

7行目は、「悪」を「善」に転換して、コピー機を発明した例です。

ご承知のように、プラスチックには静電気が付きます（帯電《たいでん》と言います）。とくに乾燥した冬にはいちじるしいです。CDもプラスチック製ですから帯電して、いやなほこりを吸い付けます。このことは悪です。

しかし大切な姿勢は、悪に出会ったときに腹を立てず、冷静になることです。そして悪の言葉を無記の言葉で言い直すのです。すると、「大事なCDにほこりが付いちゃった」という悪の言い方が、「プラスチックの円盤に粉が付いた」と無記の言い方に変わります。

この二つの言い方でどちらが冷静かは、いうまでもなく無記の方です。言い方を無記に変えると腹立ちが治まります。腹立ちが治まると目が開けます。そこで、「このプラスチックに粉が付く現象を何かに役立てることはできないか」と考える心のゆとりが生まれます。その結果発明されたのがコピー機です。コピーの原理は、コピーしたい文字や絵のとおりに紙の上に帯電させ、つまり静電気の帯電をコントロールし、そこに黒い粉（トナーと言います）をくっつけ、熱をかけて固まらせるというものです。

これは無記を中つぎとして、みごとに悪を善に転換した例です。

ここで注目したいことは、善も悪も、静電気の帯電というまったく同じ現象であるということです。そして、この現象は宇宙のはたらきの真理のとおりになっているのです。

悪は真理から外れているのではありません。善も、無記も、悪も、真理のとおりになっているのです。この点に、心眼を開いていていただきたいと切望します。

この例のように、「悪に出会ったら、無記を中つぎとして善に転換し、発明をする」ということは、仏教的に言えば、悪を救うことになります。仏・ボサツの姿勢です。

もっとも、ここで述べた発明のコツは、お子さんには難しすぎることは筆者も承知の上です。

しかしお子さんが成人されてから、いつの日か大発明をされる種だけはまいておきたいとの願いからです。お分かりにならなくても話しておかれれば、お子さんの心の中に何らかの印象が残り、それが芽を吹くこともあります。

コントロールを外せば善は悪に転落する──バブル経済崩壊の原因

ついでですが、前項は悪が転じて善になった話ですが、当然、その逆も成り立ちます。心がけが悪くてコントロールが外れると、善が転じて悪になってしまいます。

「悪を善に転換するコツはコントロールにある」と説明しましたが、コントロールを外せば善はたちまち悪に転換してしまうのです。

わたしたちは、善に出くわすと喜びます。すばらしい善であればあるほど大喜びをします。ところが大喜びのときにこそ、用心が必要なのです。そんなときは知らぬ間にコントロールを外すからです。すると転落して悪になるのです。

かつてのバブル経済の崩壊など、この適例でした。あのときは経済に対して、第三章で述べた心の三つの猛毒の一つ、コントロールを外した「爆発型の欲望」(第三章79ページ参照)がはたらいたからでした。また154ページの表の3行目にあるように、救急車でも運転(コントロール)をあやまれば、たちまち走る凶器になってしまうのです。

失敗を拝んでノーベル賞――すぐれた科学者ほど、「無記」の尊さを知る

悪であれ善であれ、それらは「真理」から少しも外れていないことを知る人は、失敗しても腹を立てず、その失敗を成功へと転換させてゆきます。偉大な人は、悪に出くわしたときの態度がちがいます。

もうお分かりと思いますが、「失敗」と「成功」についても三性の理が当てはまります。ある行い（無記）がなされて、その結果が気に入らなかったときを失敗（悪）と言い、気に入った場合を成功（善）と、ふつうは呼んでいます。しかしこの「失敗だ」「成功だ」は、人間レベルの話で、仏のレベルになると失敗と成功の二つは消えてしまって、そこにあるのは「宇宙の真理にかなった無記という現象があるだけ」のことになるのです。

真理を求める科学者は、成功よりもむしろ無記に頭を下げます。無記に尊さを感じなければ、すぐれた科学者とは言えません。二〇〇〇年にノーベル化学賞を受賞された筑波大学名誉教授の白川英樹先生がそうです。先生の研究は、失敗から電導性プラスチック（電気を通すプラスチック）が生まれ、ノーベル賞受賞につながったのでした。

先生が東京工業大学資源化学研究所の助手だったころのこと、アセチレンからポリアセチレンを作る実験で、先生が指示された薬品の量を研究生が間違えて、千倍もの濃さにしてしまったのでした。それで、いくらたっても目的の粉末はできず、実験液の表面に薄い金属特有の輝

きをする膜ができてしまい、この実験は失敗に終わりました。

凡人は、失敗したからと腹を立てて、実験液を捨ててしまったり、部下をとがめたりしますが、白川先生は冷静にというか、深い関心を持って液の表面に浮かんだ薄い膜を観察されたそうです。

この姿勢が尊いのです。善悪や好き嫌いという、人間レベルのことを超えておられました。そうしたら、液の表面の薄膜→金属のような輝き！→ひょっとしたら電気が流れるかもしれないぞっ!! ……というふうに先生はピンと感じられたそうです。そこでテストをしてごらんになったら、その薄膜は電流を通すことが分かったのでした!! これが電導性プラスチック発見の糸口だったのです。こうして先生はノーベル賞に輝かれたのでした。

失敗した！ くやしい!! ではなく、「せっかくの失敗だからぜひ試みてみよう」とか、「これは仏さまからの贈りものだ」とかという気持ちが大切なのです。

失敗の中にも仏性が入っているのです。ですから失敗を拝むわけです。いや、仏さまとか仏《ぶっ》性《しょう》というレベルになると、失敗だ成功だという俗世間のレベルを超えてしまっていますから、無記だけがあるということになります。そして、この無記に尊さを感じて頭を下げるのです。

失敗に合掌できるようにならなくては、仏道を歩んでいるとは言えません。

以上、「三性の理」について説明しましたが、今までスッキリしなかった頭の中がきれいに整理できたとか、世間のいろいろな矛盾の理由がハッキリしたとか、そういう読者がおられれば喜ばしいことです。ましてや悪に対する見方が変わり、悪と同様に善にも油断しなくなったとか、人間レベルの値打ちというものに目がくらまなくなったとか、目からうろこが落ちたという読者がひとりでもおられたならば、きっと仏さまは喜ばれるでしょう。なんとなく気持ちが広々としてきた、という感じを抱かれただけでも、それは三性の理の功徳《くどく》です。

紙が鉄を切る
——すべてはすべてに関係している

ひとつの小さな影響は、どこまでも及ぶ

最近になってエコロジーの分野でも同じことを言い出しましたが、仏教には、はるかに昔から「すべてはすべてに関係している」ということを見通した知恵がありました（これを仏教の言葉では諸法無我《しょほうむが》と言います）。以下はその話です。

鉄（はさみやナイフ）が紙を切るということは当然ですが、そうではなく、そんなバカなと思われるかも知れませんが、逆に、紙が鉄を切るということが、現にわれわれの社会にはある

のです。手品ではありません。

われわれがプリンタなどで使っている紙は、A４とかB５とかという標準サイズになっていることは、ご承知のところです。その紙は、製紙工場からは、トイレットペーパーを大きくしたような、直径一メートルくらいの大きなリールの形で出荷されてきます。みなさんは、このリール数本を載せて運んでいるトラックを、道路でときどき見かけられたことがあると思います。

たとえばA４なら、A４サイズの紙は、あのリールから切り出されて出来てくるのですが、そのとき半端なむだが出ないように、リールの幅は決まっているはずです。その紙リールは製紙工場で、抄紙機《しょうしき》という大きな機械で紙が抄《す》かれ、乾燥され、それなりの処理をされ、巻かれて出来てくるのです。

いま仮に、このA４の幅を変更し、二センチメートル大きくしたとしましょう。すると幅が二センチメートル大きくなったので、それを切り出したときに、たくさんの半端なむだが出てしまうことになります。そこで、このむだをなくするために、抄紙機の幅を変える必要が出てきます。抄紙機は非常にたくさんの鉄のローラーを使っていますので、その幅を広げなければなりません。すなわち、たくさんのローラーの作り直しです。さらに、それらのローラーを支えている枠である抄紙機の構造部も作り直さなければならなくなります。

つまり、一見なんでもないような紙サイズのわずかな変更が、製紙工場の鉄で出来た大形装置の作り替えを強制してしまうわけです。このことが「紙が鉄を切る」ということなのです。

しかも、仮に抄紙機を幅広に作り直したとしても、次にはそれを運ぶトラックの荷台の幅が問題になります。これまではちょうどリールがうまく収まる幅になっていたのに、リールの幅が広がったため、トラックの荷台からはみ出るということになり、トラックの荷台の幅を広げなければならなくなります。さらに手数をかけて荷台を広げたとしても、幅が広がったトラックが狭い道ですれ違いできるかどうかという問題が発生してきます。こうして紙サイズの変更は、道幅の変更にまでも影響を及ぼすことになるのです。

これは、「ひとつのことの影響は、意外な遠くにまでも及ぶ」、いや極端と思われるかも知れませんが、「無限の遠くにまで及ぶ」ということの一例です。

「すべてはすべてに関係している」ということは、このことからも、おしはかることができるでしょう。

すべてがつながっていることは、万有引力を考えればすぐ分かる

念のために、もうひとつちがった面から、すべての物のつながりということを説明しましょう。それはニュートンによって発見された万有引力です。

地球のすべての部分と、われわれは引き合っています。隣の人はいうに及ばず、そのへんの石ころとも、百キロメートルも離れたところを走っている車とも、地下何千メートルに埋まっている大岩とも、海の水とも、われわれ一人一人は、引力によって引き合っているのです。つまり、つながって関係しています。そして、それらの引力がすべて重ね合わさって、すべてのものは地球の中心へ引っぱられている、ということになるわけです。

万有引力ですから、引っぱり合っているのは、地球の上のものばかりではありません。太陽と地球とが引き合い、金星、火星、木星、土星はもちろんのこと、光の速さで進んでも何百万年もかかるという、気の遠くなるような遠い空にある天体とも、引き合っているのです。

たとえば、正確な時間の標準とするために、東京都小金井市《こがねいし》にある情報通信機構《じょうほうつうしんきこう》に原子時計というものが置かれています。この時計はセシウムという原子の振動によって時を非常に正確に刻《きざ》んでいるわけですが、そのためには、木星のいくつかの衛星の引力まで計算に入れてあるのです。

このように万有引力を考えますと、よくもつながり合ったものだ、関係し合ったものだと、驚くほかはありません。

ところが、もっと驚かされることは、現代になって科学がようやく証明できるようになった真理を、二千五百年もの大昔に、お釈迦さまが「諸法無我」として説《と》かれていることです。

縁起――「因」と「果」の間にあるもの

仏教の中心をなす考えに「縁起《えんぎ》」というのがあります。

これは心のはたらきもふくめて、すべてのものごとは、因《いん》（直接原因）のほかに、非常にたくさんの縁《えん》（間接原因）の力を借りて起こる（生じる）という考えです。そしてその生じたものごとは、さらに他のものごとが生じる縁となってゆくのです。前記のように、この縁は、無限につながったものであるはずです。

（注意：今日、「縁起」という言葉は、よいこと悪いことのまえぶれとして、縁起が悪いとか、縁起をかつぐとかという言い方で使われていますが、仏教でいう縁起はそのようなものではありません。また神社やお寺の歴史という意味もありますが、これも転用されたもので、ここでいう縁起とはちがいます。）

たとえばわれわれは、身体に障害がなくても、自分ひとりの力で立つことはできません。この自分の力の中身を考えてみても、まずは立ち上がろうという気持ちが先にあり、それに応じて、足はもちろん、腰・背中・首の筋肉や骨までもが巧妙に協調して、はじめて立つことができることに気づきます。また、自分で立っていると思っても、じつは大地の支えや重力があるからできることで、何をするにしても、ただひとつの原因とか、自分だけの力（因）によるのではなく、たくさんの他の力など（縁）によってできているのです。ですから、毎日それらの縁につねに感謝しながら生きてゆくことに目覚めてほしいと思います。

仏道を歩んでいる人は、しばしば「させていただく」という言い方をしますが、それは、なにごとも自分の力だけではできないこと、つまり縁の力を知っているからなのです。

縁起の考え方のすぐれたところは、すべての原因に着目しているということです。ふつう考えられている原因と結果の関係は、直接の原因である「因」と、結果である「果」だけに目が行っていて、間接の原因である「縁」が抜け落ちてしまっているのです。

たとえば、種から芽が出る場合を見ても、ふつうは「因」である種と「果」である芽とを、ただ一本の線のように直線的につなげて理解しているだけですので、それでは芽が生じるための、種以外の多くの原因（＝「縁」）を見落としてしまっていることになります。

しかし仏教の縁起の考え方では、芽が出たとすると、その芽がどれだけいろいろな間接原因（縁）によって生じたかをさぐって見きわめるのです。もちろん種はその重要な直接原因ですが、雨が降って適当に種が湿ることも縁です。季節が来て気温が上がることも縁です。土があることも縁です。空気があることも縁です。太陽の光も縁です。……つまり、たんに芽を吹くというだけのことでも、非常にたくさんの間接原因としての「縁」があることが分かります。このように見てこそ本当の姿を知ることができるのです。

縁に気づかないで、因（種）と果（芽）だけに着目しているふつうの見方では、因と果の間を糸で結んだように直線で考えていますが、縁を知れば、すべてのものごとはすべてのものごとに関係していることが分かりますので、その有様は直線でなく〝面〟あるいは〝立体〟としての網《あみ》にたとえられます。網の糸の結び目がそれぞれの物事で、糸が関係、すなわち縁を示します（171ページの図）。

ところで、筆者はわずかながらフルートを吹くことができます。今この本を執筆中ですが、机のわきには銀のフルートがあります。ここで、どのような因と、どのような縁とによって、今筆者のそばにフルートという楽器があるのかという因縁関係をたぐってみて、縁起の網目の考え方の入門を試みましょう。

なぜ今、フルートが筆者のわきにあるのか。それは因としては、筆者自身がフルートを吹きたいという欲望を抱いていることですが、しかしそれだけでは説明は不十分です。なぜなら、いくら筆者がフルート演奏が好きだといっても、いつもそばに出してあるわけではなく、ケースに入れて本箱の中にしまってあることもあるからです。ですから、今というこの瞬間にフルートが外に出ている理由をあげなければなりません。その理由がひとつの縁というものです。

それは、筆者が今日、朝からずっとこの原稿を書いていて、書き疲れたので気分転換にフルートを引っぱり出したからです。ゆえに、筆者がフルートを吹きたがっているという因と、本書の執筆という縁と、さらに疲れて気分を転換したくなったという縁で、今フルートがそばにあるという果（結果）が生じたということができます。

縁はまだつながります。次にこの本の執筆はどういう縁ではじまったのかが問題となります。まずは幻冬舎から執筆の依頼があったことがあげられますが、そこにまでいたる途中には、仏教学者の横山紘一先生が、仏教で人を導くという使命感に燃えて「哲学カフェ」という催しを行っておられ、それに筆者が誘われて参加したこと、またその席に幻冬舎の編集者がおられ、種々語り合うことができたことが縁となったのでした。もちろん、以前から本来の仏教をやさしく解説することは重要だという考えを筆者が持っており、幻冬舎からの依頼がそれにピッタリのものだと感じた点も大きな縁です。これらの縁のどのひとつが欠けても、今ここにフルートはありません。

他方、フルートの方は、以前筆者が使っていた別のフルートの作りが悪く、吹いていても満足できるだけの音が出ないので、新しく買い求めたわけですが、筆者の演奏向上心と、前のフルートの作りが悪かったというのが縁と見られます。

さらにさかのぼると、書きしるすだけでも大変になります。なぜ筆者がフルートを吹くようになったのかという理由は、第二次世界大戦でアメリカのB29という爆撃機による空襲に遭い、ピアノが焼けてしまったからです。もしピアノが残っていたら、筆者の音楽欲はピアノ演奏の方へ向いていたと思います。しかしピアノはなくなりました。筆者の音楽熱は筆者をして戦後の焼跡に残っていた少数の楽器店をしらみつぶしに探させ、ようやく見付けた楽器がフルートでした。もしもそのときトランペットに出くわしていたならば、今筆者の側にフルートはありません。これが縁です。

さらにどういう縁で、B29という当時としての超大型爆撃機が出現したのか。第二次大戦が起こった縁は……と考えてゆくと、複雑でもあり、また、きりがなくなってしまいます。

今、そばにある銀のフルートにしても、素材の銀という物質がなければ存在していないわけですから、つめてゆくと、錬金術《れんきんじゅつ》や、それに駆り立てた人間の金《きん》に対する異常ともいえる欲望、さらには化学をうち立てた人間の知恵にまで行ってしまいますし、フルートはヨーロッパで生まれた楽器ですから、日本が鎖国のままでしたら、竹の笛はありうるものの、フルートはありえないわけです。

ひとくちに「縁起」と言いますが、ニュースにもならない筆者のフルートという小さなものについてさえ、近くは歴史に残る第二次大戦までが関係していますし、やや遠くは、錬金術や明治維新までもが、さらに遠くは地球上の人類発生、いや生物発生、地球誕生にまでもさかのぼっていってしまうのです。

ゆえに、われわれ一人一人のちょっとした行いも、木の葉が散ったという自然の中の小さな現象も、空間的には世界の果てにまで、いや極端と思われるかも知れませんが、宇宙の果てにまで関係し、時間的には永遠の未来にまで影響し、また逆に大陸の彼方のだれかの行動も、一万年過去の猿の運動も、今のわたしたち一人一人に影響を残していると見とおすことができるのです。

長々と述べましたが、縁の網はこのように無限に広くつながっていて、どこで終わるということはありません。しかも**「諸行無常《しょぎょうむじょう》」**といって、すべては常に変化しているのですから、宇宙全体すなわち網ぜんぶは、ダイナミックに壮大な動きをしているのです。

このような観点を通して、世界中のそれぞれ独立した姿を見せているものごとは、互いに関連し合い変化し続けています。この有様を**「諸法無我《しょほうむが》」**というのです。第一章で「宇宙のはたらき」について述べましたが、そのはたらきがいろいろな関係という網を作り、その結び目にあらゆるものごとが成り立っているというのが、その有様なのです。

コラム 星の温度とねじのピッチは関係している

私の先輩に池邊陽《いけべきよし》先生という住宅専門の建築家がおられましたが、この先生は頭がずば抜けていい方で、空間的にも時間的にもほんとうに遠いところを見とおして、いろんなことをおっしゃいました。先生にかかると、「星の温度と、そこいらで使うねじ（ビスやボルト）のピッチとはじつは関係しているんだ」と、しばしば口にされるほどでした。このことは、ふつうではちょっと分からないわけですが、よくよく考えると、なるほどやはり、すべてはすべてにつながっているんだなあ、と考えさせられたものでした。

部分の中に全体が入っている——すべては非常に尊い

どんな小さなものも、宇宙の代表——一輪ざしは全宇宙

今、「縁」を網にたとえてお話ししましたが、その網目の一点、すなわちどれかひとつの結び目をつまんで上へ引き上げると、左図のように、その目を中心にして全体の目が引き寄せられます。宇宙全体はこの網のようにつながっているので、全体のはたらきが一点に集中しているという格好になっています。「宇宙のはたらき」は網の結び目のすべてに集中しているのです。

たとえば、花の生け方に「一輪ざし」というのがあります。茶室の床《とこ》などにあると、えもいわれぬ趣《おもむき》が出ますが、ヨーロッパやアメリカの人はあれを見てさびしいと思うようです。しかしあれは前記のように、全体のはたらきが一輪の花に集中しているという意味で、全宇宙の代表としてそこにあるのです。簡単に言えば、「一輪の花の中に全宇宙が入っている」のです。

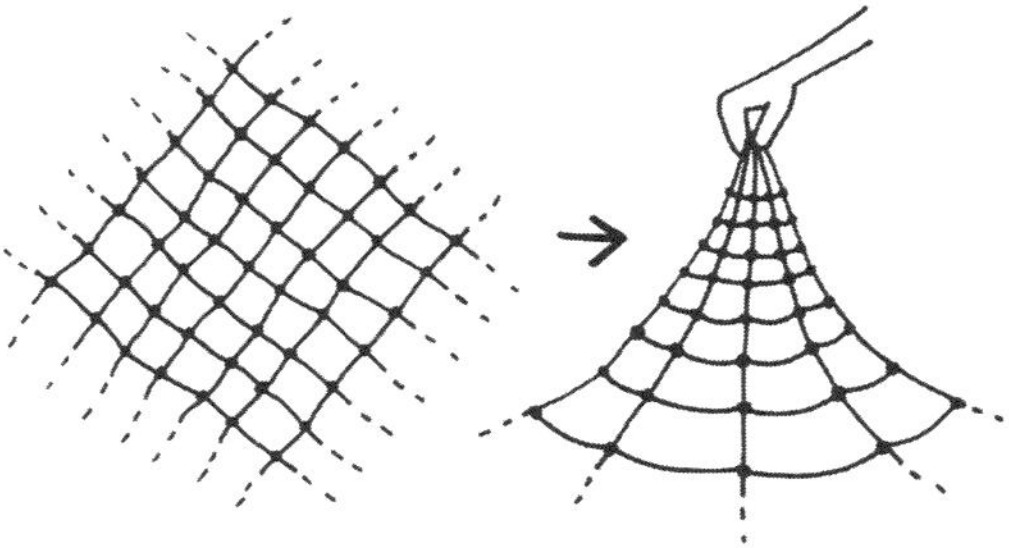

●縁を表す網目

さびしいどころの話ではないのです。縁起ということを知れば、花一輪の見方までが変わってきます。

花と同じように、われわれ一人一人も「宇宙のはたらき」のいのちを持った、尊く清らかな宇宙の代表なのです。われわれの中にも全宇宙が入っています。ですから、すべてのものごとに、尊く清らかな仏性《ぶっしょう》（第二章54ページ参照）があるのです。わたしたちすべての人間は、そのような自覚を持つ必要があります。

また同時に、われわれは無限に大きな網の中のひとつの結び目に過ぎないのですから、自分というものは無限に小さなものとなってしまうのです。ここからも「無《む》我《が》」という大切な法門に入ることができますが、これについては第五章でくわしく述べたいと思います。

六教科が入っているロボコン授業——「部分」の中に「全体」がある

一輪の花に宇宙全体が入っていることを、分かりやすく別の角度から説明しましょう。

第三章で、八戸三中のロボコン授業について書きました。そこで紹介したロボコン感想文のうち、D君の感想文を見ていちばん驚いた方は、三中の国語の先生でした。それはD君は、作文の授業では、いつもほんの五、六行しか書いてくれないのに、ロボコン感想文では与えられた用紙をはみ出してまで三十五行もビッシリと書いているからです。しかも内容はすぐれて模範的です。それもそのはずで、感想文は、自分が一学期間体験し苦労したことの打ち明けであるのに対して、ふつうの作文の授業では抽象的な題を与えられ、それについて何か書けというのですから、なかなかちゃんと書けるわけがありません。

つまり、ロボコンの感想文を書く授業の方が、国語の作文授業よりも、ずっといい国語の授業になったのです。ロボコンは技術の授業ですが、国語の授業にもなりました。

ロボコンでは、材料を素材の板から切り出してロボットを作ってゆきます。力学《りきがく》（力についての学問）などまったく知らないで作るのですから、できたロボットは弱くてこわれやすいものになってしまいます。

そこで、「丈夫なロボットを作るには構造力学《こうぞうりきがく》というのを知っている必要があるんだよ。しかもそれには数学が分からないとだめだよ」と言い聞かせると、生徒はよいロボットを作りたいばっかりに、構造力学の初歩やそれに必要なベクトルの数学をいやがらずに学ぶのでした。ロボコン授業は物理や数学の授業にもなりました。

チームを組んでロボコンをするので、チームの意見をまとめることが必要ですが、人間だれにでも我《が》があるので、はじめのうちは、おれが、私が、と我を張るので意見がまとまりません。先生はその中に入って意見をまとめさせるようなことはせずに、しばらく放っておきます。するとそのうちに、こんなことをしていたのではけっきょく勝てないことが分かりだし、全体の意見をまとめようとする気持ちが芽生えてくるのです。ですからO君の感想文にあるように、「自分の意見や他人の意見一つだけにとらわれずに、自分の意見と他人の意見を混ぜ合わせて、さらにいいものを作っていくことが大切だということが分かり、しょうらいのためにいい勉強になった」と、つくづく思うようになるのです。こんなにすばらしい社会勉強はありません。

さらに、下記の国際ジュニアロボコンでは、模擬特許制度《もぎとっきょせいど》といって、大人の技術者や発明家が取る特許というもののひな形が行われているのです。ロボットを作ってゆく途中でいろいろなアイデアが出てきますが、そのアイデアをA４一枚の紙に図と説明文とを書いて、特許係の先生へ提出します。これはよいアイデアだとその先生の承認が得られれば特許として壁に張り出されます。もしも他のチームがそのアイデアを使いたい場合には点数を出して買うことができるのです。その点数はアイデアを出したチームのものとなり、最後のコンテストのときに得点に加算されるという仕組みです。これも実地に即した社会勉強だと思います。

このように、ロボコン授業は社会科の授業でもあるのです。

八戸三中のロボコンをもとにして、国際ジュニアロボコンという催しが、ほぼ毎年行われています。日本はもちろん、アメリカ・イギリス・フランス・韓国・中国・タイなどから中学生が集まって、一週間ほど合宿してロボットを作り、最後の日にコンテストをします。これは国と国とが競技をして勝った国の国旗を揚げるというのではなく、いろいろな国の中学生五、六人で一チームを作るのです。つまり国際的な混成チームでロボコンをするわけです。いうまでもなく通訳はそばにいるのですが、いちいち通訳を介していてはまどろっこいので、子供たちは絵を描いて意見を示し合ってしまうのです。それで最低限のことはなんとかなってゆきますが、その経験から、英語を勉強しなさいと言わなくても、自ら進んで英語を学ぼうとするようになります。ロボコンの授業は生きた英語の授業でもあります。

以上述べたように、中学校の全部の授業の中のひとつでしかないロボコンという技術の授業の中に、じつは、国語・物理・数学・社会・英語の各授業がふくまれて入っているのです。しかも、ただ教え込まれるという形でなく、自分たちがほんとうに必要を感じて、やろうという意気込みが生まれる形でふくまれているわけです。技術という一教科の中に、他の教科が五教科も入っており、それ自身を入れれば六教科もふくまれていることになるではありませんか。

この事実からおしはかって、「部分」の中に「全体」がふくまれているという仏教が説く真理が、少しは分かっていただけるのではないでしょうか。

指を知れば宇宙のはたらきが分かる

小指はだめな指か――「平等」の本当の意味を知る

筆者が大学で教えていた頃、ときどき学生にこんな質問をしたものです。

「自分を指にたとえてみたら、〝何指〟かを言ってごらん」と。

すると、教室で前の方に席を取り熱心に講義を聞いている学生は、たいてい「僕は親指です」とか「人差し指です」と答えます。しかし、教室の後ろの方に座って、授業はそっちのけで漫画の本を眺めているような学生は、「僕は小指です」と小声で答えたものでした。どうやらそのような学生は、自分はだめな学生だと自分自身をいやしめている感じでしたし、小指は細く短いのでだめな指だと思っているようでした。また熱心な学生は、親指とか人差し指をよい指だと考えている感じがしました。

私は、これはまずいと思いました。学生たちは指の平等に気がついていないからです。それで、その小指の学生を教壇の方へ呼び寄せ、「ここで逆立ちしてごらん」と言って逆立ちさせました。するとすぐに分かることですが、小指が利いていないと逆立ちができません。左右両方の手のひらでいちばん外側にあるのが小指で、体の重心がそれより外に出ると倒れてしまいます。逆立ちのとき力を入れてがんばる大事な指は小指なのです。

また、「金槌で釘を打ってごらん。小指が利かないと打てないよ」とか「ゴルフのボールが飛ばないよ」とか、いろいろ小指が力を出すためにどんなに役立っているかを教えたものでした。いちばん細い小指ですが、それは手が力を出すために大切な指なのです。

それだけではありません。行儀のいい話ではありませんが、鼻をほじるのは小指が適しています。他の指では太すぎるからです。また、コップや湯のみ茶わんを持った手をよく見ると、小指だけがはねて遊んでいる人が多いのですが、この場合、小指は不要なのかというとそうではありません。われわれは湯のみをなんの気くばりもせずにテーブルへ置きますが、そのとき小指はちゃんとアンテナ役をして、ぶつけないようにしているのです。

要するにここで言いたいことは、細くて小さいことはだめなのではなく、それは小指の大切な特徴なのであって、小指はその細さと小ささとで、人間全体を生かしているということです。小指がいちばんだめな指ということはありません。

たとえば工具のピンセットとペンチです。ピンセットはペンチよりも細くて弱いのですが、ピンセットでなければ時計の修理はできないのです。ペンチではできません。ピンセットにはピンセットでなければできない役割があり、ペンチにはペンチの役割があるのであって、どちらが上とか下ということはないのです。平等なのです。

平等とは、何もかも同じにすることだと、かんちがいしている人がありますが、すべてのものが、役割も、形も、大きさも千差万別のこの世の中で、今述べたような見方を平等な見方と言うのです。

他の指についても同じことが言えます。親指から小指まで五本とも、それぞれがちがった性格と能力を持っているからこそ、たがいに協力し合って手がすばらしいはたらきを示すことができるのです。それでいて五本の指は平等なのです。どの指がよい指とかだめな指ということはありません。これが仏教の平等についての見方なのです。

大木と下草は平等――いずれが欠けても世界は壊れる

法華経《ほけきょう》というお経の中では、この平等について、大木と下草と雨の関係にたとえて説明してあります（この章のはじめの方で、実相《じっそう》や現象世界《げんしょうせかい》の話をしましたが、大木や下草は現象世界のもので、それに降りそそぐ雨は、実相すなわち一色《ひといろ》で一様な「宇宙のはたらき」を表します）。

この地上には、さまざまな草木が生えてしげっています。しかし、すべての草木に共通していることは、雨のうるおいを求めているということです。それで、大空に雲が広がって雨となれば、その雨（「宇宙のはたらき」つまり真理）は、地上にくまなく降りそそぎ、あらゆる草木を平等にうるおしてくれます。小さい草も、中くらいの草も、大きな草も、小さい木も、大きな木も、みんなそのうるおいを受けていきいきと生長してゆきます。

このように、雨は一様に降りそそぐのですが、草木はその種類や大きさのちがいによって受け取る雨の量はちがいます。しかし受ける量がちがっても、少ないと不平を言う小さな草も、たくさんで得をしたと思う大木もありません。それぞれが、その大きさなりに十分に与えられた雨によって、それぞれの性質のままに生長し、それぞれの花を咲かせ、それぞれの実を結ぶという点においては、まったく平等なのです。それぞれ異なった木や草なのですが、どれが上等で、どれが中等で、どれが下等ということはありません。

そして、大木とその下草（苔のようなものをふくめて）は、たがいに助け合っているのです。大木は、しげったたくさんの葉で日陰を作って下草を保護し、下草は水分を保って大木を守っているのです。大木と下草のどちらが欠けても両方ともだめになってしまいます。

わたしたち人間も、この草木のようなものなのです。現象世界はかならず千差万別でちがいがありますが、だれにでも、その根本には完全平等な仏性《ぶっしょう》がそなわっているのです。

つまり、人間は根本において完全平等だが、現象として表れた目に見える、姿や、性質や、能力にはちがいがあるというのが、仏教が説く知恵なのです。

したがってこの知恵が身に付けば、自分が他の者よりすぐれているという気持ちや、逆に、人よりも劣っているという気持ちや、それらがもとで生じる、人をばかにする気持ち、うぬぼれ、ねたみ、やきもち、にくしみ……というような世の中を悪くする心は消え失せてゆきます。

そして、次の章でくわしく述べることですが、人間はそれぞれ姿はちがっても、奥にあるものは「宇宙のはたらき」「真理」と一体なのだということが、しっかりと分かってきます。すると、他人も自分も平等に尊いのだという気持ちになり、自分の生活や人に対する態度が好ましい方向へと変わってゆくのです。

手のはたらき――手という「宇宙」

今は木や草のたとえでお話ししましたが、指（手）についても同じことです。太さ、長さ、はたらきがそれぞれちがう五本の指で出来た手が、指どうしが助け合ってどんなはたらきをしているかを、ざっと見てみましょう。

ふつう、手は物を持つものだと思われているようですが、それは手のはたらきのほんの一部です。手はもともと前足でしたから、自分の体を支えたり、自分の体のバランスをとったりすることが第一の役目なのです。朝、寝床から起き上がるときに、手を使わずに起き上がってみると、このことはすぐ分かります。かならず手をつくか、手でバランスをとるか、どこかを握ることをします。

手の長さは何をもとにして決まっているのでしょうか。――ロボットを作ろうとすると、こういうことが問題になってきます。この問いに対する答えはなかなか難しいのです。もっと長くてもよいように思われますし、もっと短くてもすむような気もしますが、われわれの手は、ちょうど適当に自分の体中のほとんどのところへ届く長さになっています。背中の一部には届きにくいところもありますが、ちょっと無理をすればそこへも届きます。ですから、かろうじて体中全部に届きます。これが手の長さで大事なことなわけです。もしも、わたしたちの手が十センチメートル短いとしたら、ずいぶん不便で、足の裏を掻《か》こうというようなときには、かなり苦しくなるでしょう。

また、ひじ関節の位置が、五センチメートルでも下にあるとしたら肩が掻けないことになります。肩に手が届くには、関節はちょうど腕のまん中にある必要があります。

こういったところの出来ぐあいも、じつにうまくいっています。手を作った「宇宙のはたらき」は、まことにすばらしいものだと思います。

朝起きて顔を洗います。そのとき手で水をすくえば、手はヒシャクになるわけですし、ちょっと隙間をあけると水は落ちて中のものだけが残るので、これはフルイです。クシがなければ指の間を少し広げてかくとクシになります。ああまぶしいなと、手のひらを目の上にかざせば日除けになります。

このようなことからはじまって、物を持つということはもっと後の話です。お風呂がわいたかなと手を湯に入れれば温度計ですし、指折り数えればコンピュータになります。あっちですよと指示すれば信号です。小指が女性を、親指が男性を表すとか、とにかく手の用途はものすごいものです。

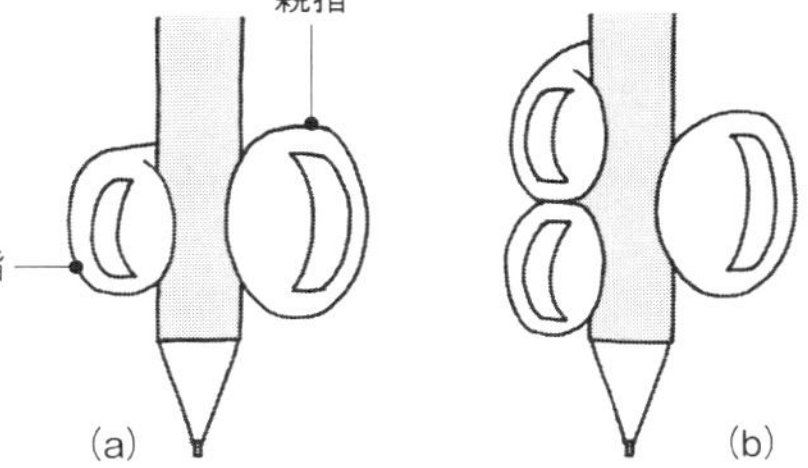

●シャープペンシルを持つときの指

指の動きはさらに巧妙です。シャープペンシルを二本の指で持つと、とうぜん親指と人差し指とが相対しています（上図（a））。それを中指も使って三本の指で持って、指どうしの関係を見ると、人差し指と中指のまん中に親指がきて、親指が半ピッチずれていることが分かります（同図（b））。このことはまったくだれも気づいていませんが、われわれはこれを、知らず知らずにやっているのです。その知らず知らずにやっているということが、じつにすばらしいことだと思うのです。三本の指で持つから親指はまん中に持ってゆかないとまずいぞ、などと意識して（自分に言い聞かせて）持つ人はひとりもいません。

これをロボットにやらせてみる場合には、指二本で持たせたあと、三本というときに、あらかじめそれなりに（プログラムを）組んでおかないと、ロボットは親指をずらさないで持つのです。これは二本で持つよりもぐあいが悪いです。シャープペンシルは傾いてしまいます。

じつは筆者はこうして、なるほど、われわれは三本で持つとき、知らず知らずにこうやっているのかと、はじめて気づいたのでした。そしてこのとき、残りの二本である薬指と小指は、やはり、知らず知らずのうちに、じゃまにならないように逃げて折りたたんでいるのですが、いざ字を書く段になると、その折りたたんだ二本がちゃんと台になるのです。

すばらしいではありませんか！　「宇宙のはたらき」でできた人間はすごいと思います。手も真理で充ち満ちています。小さな手ですが、その中には宇宙の大真理が入っているなーと、しみじみ思わされます。

二つに分かれると不幸

「二つ」が「一つ」になる
――十と一が協力し、一つに溶け合っている

仏教では「一つ」になるということを、非常に重んじます。

家族の意見が二つに分かれれば、家庭がなごやかにゆきません。野球やサッカーのチームの心が一つにまとまっていなければ、試合には勝てません。朝鮮半島は南・北二つに分かれて国際的・民族的な不幸をもたらしています。ですから「一つ」ということがどんなに大切かはお分かりになるでしょう。

車を動かすには、アクセルだけでなくブレーキも必須

本田技研の創立者で初代社長でした本田宗一郎さんは、この「一つ」ということを従業員に分からせようとして、次のようなクイズを考えられました。

「車を走らせるのはアクセルで、止めるのはブレーキ、これでよいか？」

――ほとんどの人は、このクイズに対してＯＫと答えます。

すると本田さんは、

「私の車があそこにあるが、今からあれのブレーキを外してやる。君はそれに乗って走ってこい。君はアクセルで走らせることができると言ったじゃないか」

と言われるのでした。

これでほとんどの者は、「まいった!?」となるわけです。ブレーキのない車は危なくて走ら

せることはできません。十数メートルも走らないうちにぶつかってしまいます。

「どうして君は走るのにブレーキが要ると言わなかったんだ」

とやり込められてしまうのでした。

もうお分かりのように、車を安全に走らせるには、アクセルはもちろんのことブレーキも必要なわけです。つまり、

第一には、走らせるはたらきと、それとは正反対の止めるはたらきとの両方がなければいけません。

第二には、それを踏み間違えないようにすることです。

そうすれば、アクセルとブレーキとは協力して、車を安全に走らせることができます。このことを、走らせるはたらきと、それとは正反対の止めるはたらきとが溶け合って「一つ」になった、と言うのです。

これを図式で書くと、

となります。ここで注目してほしい点は、【走】と走とのちがいについてです。

われわれが求めている安全な走りというものは、走ではなく、括弧付きの【走】だということです。括弧付きでない走は、安全などということは問題にしないで、ただ走るということを表しています。

それならば次に、車を止めるにはブレーキだけでよいのでしょうか？　ただなんでもよいから止めるとか、ぶつかりそうになったから急ブレーキをかけるという場合はブレーキだけでよろしいが、駐車場にキチンと入れるという止め方をするには、ブレーキだけではだめで、アクセルが必要です。駐車場に入れるのは、アクセルで入れるのですね。ブレーキは最後に踏むのです。このことを図式にすると、次のようになります。

仏教が説く理論を図式にすると、このような、正反対の二つが溶け合って一つになるというか、逆に一つの物事から正反対の二つが出るというか、とにかくこのような「一つ」と「二つ」がふくまれた形になるのです。先に説明した「三性《さんしょう》の理《り》」の善・無記《むき》・悪にしても、図式にすると、

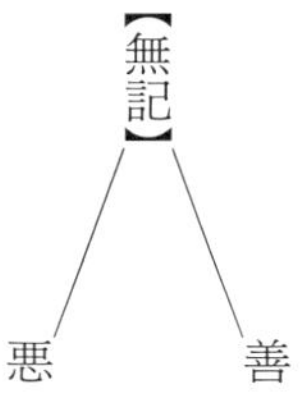

となり、同じ形になります。

正反対のものが一つに溶け合っている例——なぜうまく電気が流れるのか?

このことは真理ですから、いろいろなものをそのつもりで眺めてみれば、この形になっていることに気づきます。

たとえば水道のホースです。ホースは水を通すための物です。しかしその材料を見れば、それはビニールとかゴムなど、水を通さない物で出来ています。

もしも、ホースは水を通す物だからといって、水を通す材料、たとえばガーゼなどで作ったとしたならば、水はホースの途中でジャージャーともれてしまって、まったく役に立たない物になってしまいます。ホースは水を通さない材料で作ってこそ、目的の所まで、水を通して運ぶことができるのです。これを図式にすれば、

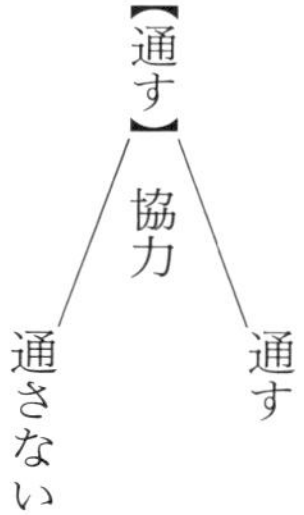

となります。

電気もそうです。電気を流すには導線が要ります。導線は銅とかアルミで出来ています。しかしそれだけでは電気を流すことはできません。送電の鉄塔でも、道ばたの電柱でも、あるいは電車の架線《かせん》でも眺めて下さい。そこにはかならずがいしという白い陶磁器製の、電気を流さない物（絶縁物《ぜつえんぶつ》と言います）を介して電線が取り付けられていることに気がつくでしょう。

もしもがいしがなかったら、電気はショート（短絡《たんらく》とも言います）してしまって、発電所からこちらの方へは来なくなってしまいます。いやそれどころか、絶縁物がなかったら発電することさえもできません。

発電機には、コイルという、導線を何回も巻いたものが必要ですが、はだかの銅線をいくら巻き付けてもコイルにはなりません。それはショートして一回しか巻かなかったことになるからです。電気を通す導線と、通さない絶縁物との両方があって、はじめて電気を役に立つように扱うことができるのです。電気を扱うところでは、かならず電気を通す導線と、通さない絶縁物とがうまく使われているのです。この図式は、ホースの場合と同じものになります。

話は飛びますが、写真を考えても同じことが言えます。写真を写すには光が要ります。つまり、被写体に光が当たっていなければ写真は写りません。といって全体が明るいだけでしたら写真にはなりません。ただ全部が一様に真っ白の紙があるだけになってしまいます。写真になるためには、明るいところと、正反対の暗いところとの両方があってこそ、はじめて写真になるのです。明るいことと、暗いこととが一つに溶け合っているのが写真です。

台所のガスレンジを見ても、燃やすはたらきと燃やさない工夫とが一つにまとまっていることに気づきます。火が点くバーナーのところはガスが完全に燃えるように出来ていますが、壁にさわる縁《ふち》の部分は壁を燃やさないように安全になっています。

また先に「**手のはたらき**」について述べましたが、その手をこの角度から眺めますと、手のひらというつながった部分と、五本の指という切れた部分とからなっており、「つながる」と、「切れる」という正反対が、手の中で一つになっていることに気づかれるでしょう。

このように、何を見ても、「なるほど正反対の二つのはたらきが一つに溶け合っているんだなあ」と気づいてください。この、自分で気づくことが大切です。

「一つ」の一般図式

仏教ではこのように、正反対の二つのものごとが溶け合って「一つ」になることを非常に大切にしますので、その一般図式を示しておきましょう。

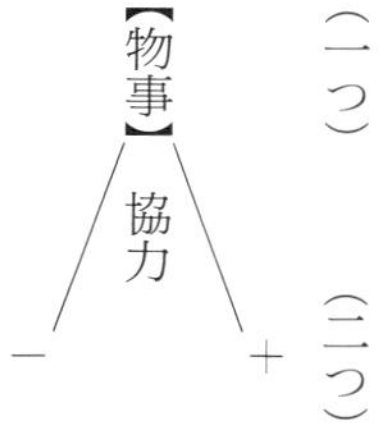

この図式はとても貴重な図式です。つまり、プラス的なものごととマイナス的なものごとのどちらか一方だけを好み、もう一方を嫌うようなことはしないで、両方を協力させてこそ、ものごとはスムーズに進んでゆく、ということを表しているのです（お子さんには難しすぎましょうが、哲学的にはこの形を「二元性一元論」と言います）。

（お父様、お母様方へ：じつは、有名な、色即是《しきそくぜ》空《くう》、空即是《くうそくぜ》色《しき》の「即」の字の意味がここから出てくるのです。しかし本書で扱う範囲を越えますので、これ以上の解説は遠慮させていただきます。）

勉強と遊びを一つにする

お子さんたちにとって、さし当たりこの「一つ」ということを実際に行われるのは、勉強と遊びについてであろうと思います。

「よく学びよく遊べ」と、筆者くらいの年の者は、小学校の頃から教えられてきました。この言い方は結構ではありますが、ここで言う「一つ」の原理には合っていません。これではまだ勉強と遊びとが二つに分かれています。

「遊ぶように楽しく夢中で勉強し、勉強するように一生懸命に遊べ」となれば一つです。

第二章の［コラム］遊びの本当の意味のところで、「何をするにしても、自《みず》ら進んでわがことして行えば、それはすべて遊びになります」と書きましたが、勉強もそのとおりで、お父さんやお母さんに言われるから仕方なしにするのではなく、自分から進んでわがこととして勉強すれば、その勉強は遊びになります。

とは言うものの、今日の学校教育は知識のつめこみで、いわば胃の中へゴム管を突っ込んで、流動食を流し込んでいるようなものだと筆者は思います。食事をかむときのおいしさや、それを飲み込むときのおいしさを子供たちにまったく感じさせていません。これでは勉強が面白くなるはずはありません。もしも筆者が現在中学生だったら、登校拒否になっていることは間違いありません。知識を与えても、感動を味わわせていないのです。

感動のないところに教育は成り立ちません。「あー、自然というものはこんなにすばらしいものなのか！」「真理とか法則って、なんと美しいものだろう！」という感動がなければいけません。つまり、かむおいしさ、飲み込むおいしさです。このことは**第三章の心を育てた製作三昧**で述べたように、八戸三中のロボットコンテストで証明ずみなのです。なんとかして教育全体を、ロボコンのように改めたいものです。

遊ぶにしても、ぼんやりと、とりとめもなく時間を費やすような遊びは止めたいものです。生き生きと夢中で遊ぶことこそが大切です。

成功した講演会は一つになっていた

筆者は講師としていろいろな講演会で話をしてきました。講演の後で反省してみると、今日は非常にうまくいった、大成功だった、という場合は、聞き手である聴衆と、演者である講師（筆者）とが溶け合って、講演会場全体が一つにまとまっていたことに気がつきます。

講演会は、大きく分けると、聞き手と講師という二つになりますが、それが二つのまま話が進んで行く場合には、講師がしゃべったことが聞き手によく通じていないことが多いのです。講師側の感じでは、聞き手の前に透き通った大きな邪魔板があって、その板で話がピンピンはね返ってくるような気分になります。聞き手側はざわざわとして雑音が多く、しんぼうして聞いているという顔になってきて、あくびが出たり、早く終わらないかと腕時計を見たり、というしぐさが増えてきます。こうなるとその講演会は失敗です。聞きたくない人に対して無理やり話を突っ込んでいくわけで、講師は与えられた講演時間を話で埋めることが難行苦行になり、くたくたに疲れてしまい、とうぜん講演が終わったときの拍手もまばらです。

これに対し、講演がうまく進むときは、いつの間にか聞き手と講師とが一つになって、会場全体がまとまってきます。聞き手はもちろん声を出してしゃべるということはありませんが、講師には聞き手からの無言の反応がピンピンと返ってくるのが分かるものです。

この反応がよい場合は、講師は自分でも思わぬよい話が頭に浮かんできて講演は白熱してまいります。大勢の聞き手の中に一人でも二人でもよいから、たてに首を振ってうなずきながら聞いている人があれば、講師は非常に話しやすくなり、話が盛り上がってきます。次に何を話そうかと考える必要はなく、聞き手が聞きたがっていることが分かるので、ひとりでに話が口から出てきます。

こうなると、その講演会場はシーンと静まりかえり、雑音が少なくなります。これはおそらく聞き手が話に聞き入って、体を動かすことが少なくなるから（衣擦《きぬず》れの音がへる）ではないかと思われます。聞き手の姿勢はだれもが前かがみになり、一言をも聞き逃すまいと真剣です。

このような状態を、聞き手と講師とが一つに溶け合った状態と言うのです。もちろん講演は大成功で、終わったときの拍手は会場をゆるがすほどです。そして講演の後で、聞き手のだれかが会いに来られ、「あの話をうちの会社でもやってくれ」というように、次の依頼が来るものです。

このように「一つ」は物事を成功させるコツなのです。

コラム カール・セーガン博士の名挨拶「一つ」

米国の天文学者であり作家でもあったカール・セーガン博士が、日本の本田財団が出す、本田賞を受賞したときの祝賀晩餐《ばんさん》会でのことです。りっぱなホテルで行われました。

食事も進み、いよいよカール・セーガン博士の挨拶のときとなりました。食卓にはカーネーションなどの盛り花の中央に、米国の国旗、星条旗と、日本の国旗、日章旗が組み合わされて立ててありました。

博士はその二本の旗を眺めながら、「……日章旗は太陽で昼だ。そして星条旗は星で夜だから正反対だ」と話が進んだので、筆者は「正反対の二つが出てきたぞ。次はどのように話が展開するのか」と、半ばわくわくしていましたら、

「しかし考えてみれば、太陽も星の一つだ。だから同じだ」とみごとに、「一つ」にまとめられたのでした。

正反対の二つを一つに溶け合わせるとは、こういうことです。さすがはカール・セーガン博士だと感心したしだいでした。

矛盾表現を理解する助け
——Xでもないし、Xでないものでもない

この本は、仏教についてできるだけやさしく書こうとしています。しかし仏教は、じつのところ非常に難しいものです。その難しさのひとつとして、今説明した、「正反対の二つを一つに溶け合わせる」というのもそうですが、言葉の上で矛盾したことを平気で、いや平気どころか堂々と言ってのけているということがあげられます。たとえば、

「一日語って一言も語らず」とか、

「われ無《む》一物《いちぶつ》、ゆえに万物を所有する」とか、あるいは、

「実にあらず虚にあらず」など、

といったたぐいの言い方です。

「朝から晩まで何万語もしゃべりまくって、それでいて自分は一言もしゃべっていない」と、すました顔をしているとか、「自分は何も持っていないのだ。だからすべてを持っているのだ」とか、あるいは、「目の前の物事は実際にある（実）と見るのも間違いであり、そうかといって、ない（虚）と決めつけてしまうことも間違っている」などと、常識からすればあきらかに矛盾したことを言って、これこそ悟りの境地だと言わんばかりです。そして分かってしまえば、それはまさにその通りなのですが、この難しさを乗り越えなければ、仏教の知恵のすばらしい点をつかむことはできません。

筆者はこのことを本書で取り上げるのが適当かどうか、非常に迷いました。それは、大学を卒業したくらい、あるいはそれ以上の大人に対してならば、ちゅうちょせずに説明するのですが、お子さんには、注意が必要だと考えたからです。その理由は、その年頃に、頭の論理構造が出来上がってゆくわけで、形として矛盾したことを鵜呑みにされますと、悪くいった場合、お子さんの数学や理科や論理――これらは矛盾を絶対に許しません――の勉強がめちゃめちゃになってしまう恐れがあるからです。

ここで述べることは、ひとくちで言えば「ゼロ＝無限大」あるいは「Xでもないし、Xでないものでもない」ということです。このようなことを数学のときに言えば、零点を取ること間違いなしです。

しかし、仏教としては非常に大切な点なので、熟慮の末、お父様、お母様方に右記の注意を喚起しながら説明することにしました。ですから、ここの内容をお子さんにお話しになるときには「数学や理科ではちがうんだよ」と、かならず付け加えていただきたいと切願します。では、まえおきはこれくらいにして、本論に入ります。

仏教は、なぜ矛盾した表現をするのか

本章のはじめの方で、この世の本当の姿（実相《じっそう》）が分かることは、仏教の知恵の基本の中の基本であるということを述べましたが、この世の本当の姿（実相）というものは、「実にあらず虚にあらず」と表現されるように、われわれの常識的な、あるいは科学的な考え方には収まらない姿をしているのです。

ところが、わたしたち一般の人間は、常識的ないしは科学的な考え方で日常を暮らしていますから、その頭で眺めるので、この世の本当の姿を示す仏教の言い方が矛盾して見えるのです。「実でもなく虚でもないのならば、いったいなんなのだ？」と面食らい、また、いぶかるのです。仏教は間違っているとさえ言う人もいます。

ご承知のとおり、科学は、また科学を使った技術は、今日までにすばらしい成果をあげてきました。その科学の考え方の大本は「二つに分ける」という頭の使い方なのです。

たとえば、白か黒かの二つに分ける、ＹｅｓかＮｏかの二つに分ける、有るか無いかの二つに分ける、……といった判断が基本で、その二つに分けたうちのどちらか一方を取り上げて他方を捨てるという頭の使い方です。これを何段にも組み合わせた考え方で、私たちは毎日を暮らしているのです。つまりわれわれのふつうの考え方は「二つ」なのです。

しかも、本書もそうですが、書くために「言葉」を使っています。あるいは説法や講演なども、言葉でしゃべるわけです。ところが、言葉というものの基本は「二つ」なのです（難しい言い方になりますが、言葉の中身は概念でして、概念には、基本的に、分けるという本質があるのです）。

しかし前の節で話しましたように、仏教では「一つ」を非常に大切にします。その理由もすでにお話ししました。

「一つ」にするためには、白と黒とはちがうと言っていたのでは「二つ」のままですから、「白は黒と同じだ」「ＹｅｓはＮｏと同じだ」「有るは無いと同じだ」という、まったく矛盾したことにしなければ、「一つ」にならなくなってしまうわけです。ですから、どうしても矛盾した表現はさけられません。

そこで、仏教はわたしたちに、「二つ」に分ける常識とか科学的な考え方から抜け出せと、迫って来ます。「真理」は言葉では表せない、と言い切ります。ここが、仏教がほんとうに分かるか分からないかの、ギリギリの瀬戸際になってくるのです。

「一つ」にとらわれると「二つ」になる

「一つ」を大切にするがゆえに、矛盾した言い回しにならざるをえないことは今述べましたが、さらに次のような、一回りひねったようなことが発生します。

ここが肝心要《かんじんかなめ》のところですが――「一つ」はOK、「二つ」はNoというふうに「一つ」にこだわって、「二つ」を拒否しようとすると、

「一つ」（受入）　対　「二つ」（拒否）

と対立して二つになり、その「一つ」にとらわれること自体が「二つ」を作り上げていることになってしまいます。

ですから、本当の「一つ」（これを【一つ】と表しましょう）とは、「一つ」も認め、「二つ」も認めるというものになります。これに前の節で述べた190ページの「一つ」の一般図式を当てはめますと、

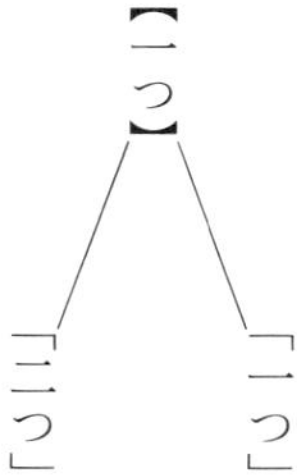

となります。この【一つ】こそが、仏教が目指す本当の一つなのです。

したがって、仏教は「二つ」も認めますから、科学の考え方をこばむことはしません。それでけっきょく、どういうことになるかと言いますと、『「一つ」にならなければならないときには「一つ」の考え方をし、「二つ」にならなければならないときには「二つ」の考え方をする』ということになるのです。

読者の中には、それでは考え方の基準がなくなってしまうので、自分勝手のめちゃくちゃになってしまうのではないかと思われる方も、きっとあることでしょう。すなわち、「一つ」にならなければならないときと、「二つ」にならなければならないときとは、何をもとに判断し区別できるのかという疑問です。

筆者は今ここで理屈をこねていますが、仏教は、理屈よりも実践を重んじます。つまり口先で理屈を言うより修行《しゅぎょう》せよということです。修行して心の底の底までが清らかに掃除できれば、ひとりでに間違いなく、この「一つ」と「二つ」の判断はできるようになるのです。要するに「一つ」にも「二つ」にもとらわれない、【一つ】が実行できて、問題を起こさないどころか、万事が真理のレールに乗ってすらすらと運ぶようになります。

大事なところに付せんを付けたら全ページになってしまった

ここでは、以上に述べてきた仏教の矛盾した言い回しを、すこしでも分かっていただくために、たとえ話を使って、筆者なりの説明を試みようと思います。

次ページの写真を見てください。その本は非常によい内容の本でしたので、後での参考や、読み返しのために、大事だと思ったページに付せんを貼り付けながら読み進めました。ところが、読み終わったら、なんと、すべてのページに付せんが付いてしまったのでした!!

付せんとは目印として貼り付ける小さな紙のことですから、付せんが付けられたページは特別なページなわけです。後で必要なとき、そこをすぐに開けられるようにするためです。ところが写真のように、あらゆるページに付せんが付いてしまうと、必要なページがすぐに開けられず、けっきょく全ページめくらなければならないことになってしまい、付せんは役に立たず、付せんを付けないのと同じことになりました。

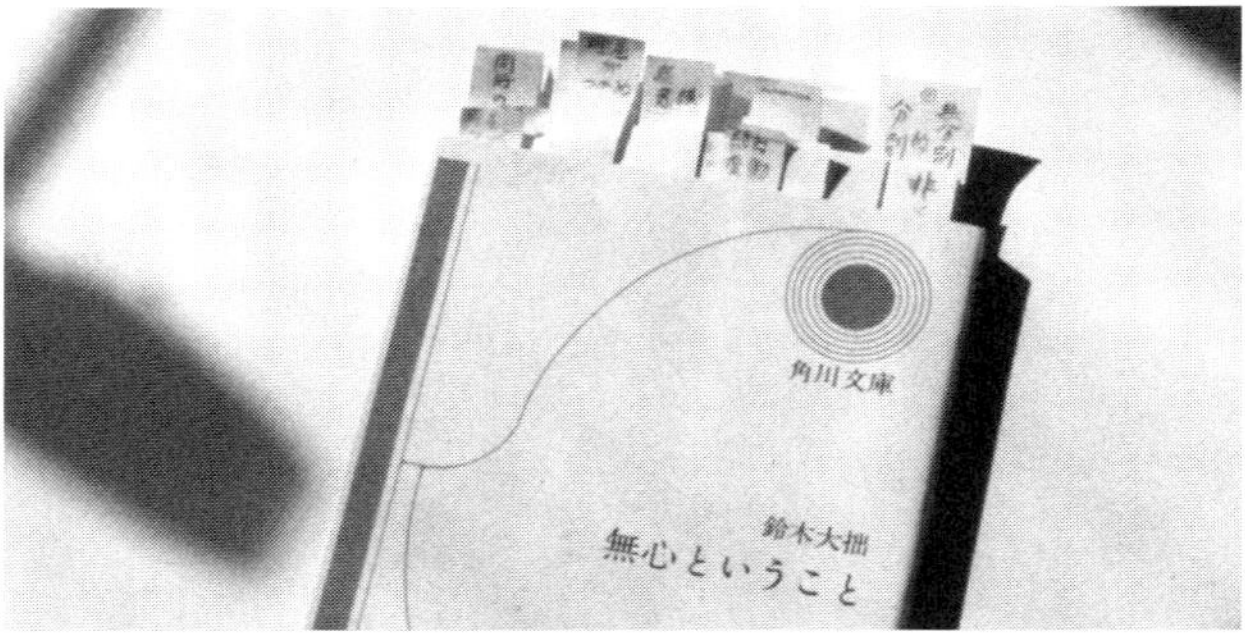

●全ページに付せんを付ければ、付けないのと同じ

これは、とことんまで行うと、行わないのと同じになってしまう、すなわち逆のところへ行ってしまうというひとつの例です。

このことを当てはめれば、「一日語って一言も語らず」というのも理解できるのではないでしょうか。仏教を勉強して、矛盾したような言葉づかいに出会ったら、これを思い出してください。

地球は丸いので

この別の例として、「西へ行く」ことを考えてみましょう。

日本の自分の家から出発してどんどん西へ行くと、ヨーロッパへ着きます。さらに西へ行くと大西洋を越えてアメリカ大陸に行き着きますが、そこを越えると太平洋です。その太平洋も西へ進むとハワイへ着きます。ハワイへ行くのならば、西へ行かずに東へ行った方が距離も短く早いです。いうまでもなく地球は丸いので、とことん西へ行けば東に出てしまうわけです。

これで、西と東は（正反対でなく）同じだ、という言い方ができることになります。

白と黒は同じ色

ふつう、白と黒とは正反対だと思われているようですが、色の学問（色彩学《しきさいがく》）では、白も黒も同じ無彩色《むさいしょく》といって色のない色とされており、ただ明るさがちがうだけだということです（白と黒の中間に灰色が入ります）。白はいちばん明るい無彩色（灰色は中間の明るさの無彩色）、黒はもっとも暗い無彩色です。

このように、白も黒も無彩色という意味では同じなのです。ゆえに白は黒と同じと表現しても、矛盾にはなりません。

以上いろいろ述べましたが、ともかく、仏教には矛盾と思える言い方がたくさん出てきますが、上記を参考とし、さらに坐禅などの修行をなされば、矛盾が矛盾でなくなって、すんなりと心に受け入れられるようになります。

第五章 自己と仏道

自分を学ぶには、自分を忘れる

永平寺の開祖である道元禅師《どうげんぜんじ》がお書きになった書物『正法眼蔵《しょうぼうげんぞう》』に、次のような尊い言葉（金言《きんげん》）があります。

仏道を習うというは、自己を習うなり
自己を習うというは、自己を忘るるなり

この一行目は、「仏道を歩み、仏教を学ぶということは、自分とは何かということを学ぶ（探求する）ことである」という意味です。「本当の自分とは何か」を明らかにすることが仏教なのです。

四十年くらい前のことですが、筆者はこの金言によって、「あー！　そうかっ!!」と眼を開かれ、本気で仏教を学ぶ気になりました。この一行は、筆者の人生を変えた尊い一行です。同時にこれは仏道の心臓《しんぞう》とも言える、いちばん大事なことのひとつです。

そして二行目には、その「自分とは何かを明らかにするには、自分を忘れることだ」とあります。この「自分を忘れる」というのは、第三章の見る者が消える「三昧」(105ページ)のところで説明した三昧そのもののことです。道元禅師は曹洞宗《そうとうしゅう》という禅宗を日本へ伝えられた方ですから、この三昧は坐禅のことを言っておられるにちがいありません。怒りを我慢していたとしても坐禅して自己を忘れてしまえば、怒る者(主体)が消えるわけですから、我慢は消滅してしまいます。

道元禅師の「自己」についてのこの金言は、仏教の知恵ですから、前の第四章に含めてもよいのですが、あまりにも大切なことなので、別に独立した章を立てて、この第五章としました。

我さえなくなれば

人間にはだれにも「自分が大事」という気持ちがあります。

他人よりも自分のことを先に考え(優先させ)たい。自分のことだと一生懸命になるくせに、人のこととなると知らぬ顔をする。他人に迷惑をかけても自分だけは得をしたい。人の意見は聞かないくせに自分の意見はむりにでも通そうとする。何事も自分本位だ。

……こういう、人よりも自分を大事にする気持ちや行いを「我《が》」と言います(いわゆるエゴイズム、エゴのことです)。「あの人は我が強い」とか「我が原因で失敗した」などという使い方がされます。

考えてみれば、すべての人間から我さえなくなれば、ほんとうによい世界になります。ほとんどの悪は、我から出ていると言っても、言い過ぎではありません。戦争も例外ではありません。我は人間の不幸の大本です。何よりも自分のことを第一に考え、人のことなど二の次になりますので、とうぜん奪い合い、除《の》け合いなどの争いが起こり、不安、悩み、苦しみがなくなることはありません。

仏教では、「この我は錯覚で、それは人間の心の奥の奥にある『マナシキ』という心から出ている」とされ、いかにしてこの我を消し去るか（正確には「転じるか」〈第四章146ページ三性《さんしょう》の理《り》を参照〉）が大きな、また重要な課題になっているのです。

それで仏教では、我をなくした状態、つまり「無我《むが》」になれと、きびしく指導します。筆者も、お父様、お母様やお子さんたちに無我になっていただきたいと切に念願いたします。

無我と我慢

我慢という気持ちは、「我」から発生してくるのです。

悪口を言われたり、けなされたりしたときに腹が立って、「何を言ってるのか！」と怒り返して相手をやっつけることができれば、我慢することは不要でしょうが、自分よりも腕力が強い相手だったり、いろいろな立場上の都合で怒り返せないときには、いやいや我慢することになり、とても不愉快です。

しかし、そういう自分が弱い立場にある場合でも、冷静によくよく考えてみると、我慢ということは我があるから、つまり自分が大事だから、生じてくる気持ちだということに気づきます。ですから我がなければ、すなわち無我ならば、我慢など現れ出ようがないのです。

事実、これから説明するように、仏教は無我という偉大な真理を発見し、我は錯覚だということが説かれています。無我の真理が分かれば、我慢など霧が晴れるように、どこかへ消えてなくなってしまうのです。無我の真理こそは、我慢を消す特効薬なのです。ではこれから、この特効薬である無我について、いろいろな角度から説明したいと思います。読者のみなさんはぜひ以下を熟読し、よく味わって無我を身に付け、我慢を霧散《むさん》させて下さい。これこそが本書のねらいなのですから。

どこまでが自分で、どこからが他(人)か

だれでも毎日食事をしています。それで考えてみて下さい。食べたものはどの瞬間から自分(つまり「自」)になるのでしょうか?

ごちそうがお皿にのっているときは、あきらかにまだ自分ではありませんね。それはまだ「他」です。それならば口に入れたときからでしょうか。それとも飲み込んだときからでしょ

うか。口に入れてかんでいるだけでは、まだ自分とは思えませんね。飲み込んで胃や腸の中で消化され吸収されたときからが自分というのは、いちおう納得できはしますが……。では、飲んだ水はどうでしょうか。吸った空気はどうでしょうか。

これをハッキリさせようとすると、いろんな問題にぶつかってしまうのです。たとえば、水を飲んで、それが体内に吸収されたときから、完全に自分の体になったと考えているうちに、その水は水蒸気となっては皮膚《ひふ》からどんどん蒸発していってしまいます。また一方、腎臓《じんぞう》でオシッコになってぼうこうの方へ出されて行ってしまいます。ある人の計算によると、われわれが一晩寝ているうちに、茶わん一杯分の水分が体から出てふとんに吸い込まれてしまっているということです。ビニールのレインコートを着て、ちょっと急いで歩くと、体から出る水蒸気でレインコートの裏側は、ビショぬれになってしまいます。自分の体であるはずのものが、出たり入ったりしているのです。

息をするとき、われわれの肺に入った空気は、自分といってよいのかどうか。これもよく分かりません。息をするということは、酸素を吸って炭酸ガスをはき出すことですが、その炭酸ガスは、酸素に炭素が化合しているものですから、それだけ酸素よりも重いのです。ですから息をするときは、軽い酸素を吸って重い炭酸ガスを体の外へ出すことになり、厳密にいうと、一呼吸ごとにわれわれの体重はそれだけ軽くなっているわけです。

われわれは、ふだん「自分の体重は〇〇キログラムで、これが自分というものだ」と思い込んでいます。しかし、一階から二階へ上がって下りてくると、約一グラム体重は減っていると言います。運動のために使ったエネルギー分だけ軽くなっているわけですが、その減ったり、増えたりする分は、自分なのでしょうか、それとも自分ではないのでしょうか。

いったい、どこまでが自分で、どこからが自分ではなくなるのでしょうか？　改めて考え直してみると、その境目はじつにあいまいで、つかみどころがなくなってしまうのです。つまり自と他とは、はっきりと分けられず、つながっているのです。

それで仏教では、無我《むが》といって、ふつうに「これが自分だと思っているものは本当はないのだ。自分とは錯覚《さっかく》にすぎない」と教えます。

なぜ無我なのかといえば、**第四章の縁起《えんぎ》**のところで網のたとえ（171ページの図）を使ってお話ししたように、この世の中は無限に広がる網のようなもので、自分はその網の結び目のひとつにすぎないからです。心を落ち着けて縁起の網を考えてみれば、自分は無限に多くの人や物（これが自分以外の結び目）のおかげで生きていられることが分かります。

たった一回の食事を考えただけでも、稲を育てて米となるまで、種をまいてから野菜となって取れるまで、海へ出て魚を捕って来るまで、そしてそれらが運ばれ調理されて皿にのり、自分の前へ並ぶまでには、トラックやコンテナや箱やプラスチックの包装や鍋や皿など、細かに数えると何百回もの積み替えや加工が行われて、やっと目の前に並んでいるのです。さらにその運搬のトラックひとつを考えただけでも、運転手さんはもちろん、何万個という自動車部品や、外国から運んできた石油や、道路の世話になっているのです。

このように見ると、自分というたったひとつの結び目は無限に小さなものとなって消えたも同然になるのです。

そのように「この世界にあるすべてのものは、たがいにつながり合っていて、自分だけで成り立っている（存在している）ものはひとつもない」というのが、仏教の大事な「諸法無我《しょほうむが》」の考え方です（この場合「法」とは存在のことですから、直訳すれば、すべての存在に我〈つまり自分〉はない、となります）。この考え方から「自分というものにとらわれず、自分を無にしなければ、この世界や人間をあるがままに見ることはできない」という「無我《むが》」の教えが生まれてくるのです。

この真理は、考え方としては、だれにも分かってもらえると思います。自分の目の前にある机や本や鉛筆には、それらによって自分が勉強させてもらえるのだ、というふうに、かかわりあい、つながりをはっきり感じ取ることができます。家族のだれかが重い病気になれば、自分も心配でいたたまれなくなって、血のつながりを痛感しないではいられません。しかし、アフリカに住んでいる人々と、日本の東京という大都会の中で暮らしている自分がつながっていることを、実際に感じ取ることは非常にむつかしいことです。

「無我」について考えてみても、同じではないでしょうか。どんなに自分をなくして無になろうと努力してみても、見れば、そこに自分の二本の腕があります。足も二本、ちゃんとついています。ほっぺたをなぐられれば、痛さで飛び上がる自分がたしかにあるのです。

ですから、

「無我になれと言われたって、できるものじゃない」

と、たいていの人が考えてしまうのも、むりもないことです。

しかし、その、たしかにある自分について、今述べてきたように、どこからどこまでが自分なのか、と考えつめていくと、分からなくなってしまうのですから、自分とは、なんとも不思議なものです。

どうすれば、そこのところが分かるか。それをロボットを例にとって考えてみましょう。

アフリカのライオンが自分の体になる

ロボットを作ろうとするときは、設計図にしたがっていろんな材料を集めてきます。モーターだとか、アルミ板だとか、鉄の輪だとか、トランジスタだとか、銅の電線だとか……。

こういう部品を、設計図にしたがい、システムとして組み上げていくとロボットが出来上がってくることになるのですが、それならば、この部品とはいったいなんなのでしょうか？

たとえばモーターを取り上げてみるとこうなります。

モーターは鉄と銅で出来ていますが、その鉄はどこから来たのでしょうか。いうまでもなくそれは製鉄工場で作られたものです。では、製鉄工場ではそれをどういうふうにして作ったのでしょうか？　それは鉄鉱石という原料から作られたものです。

では、その鉄鉱石はどこから来たのか？　この原料は酸化鉄と呼ばれるもので、酸素と鉄が化合して出来ていて、ブラジルやオーストラリアに眠っていたものが掘り起こされ、運ばれてきたものです。

こんなふうにたどっていってみると、ロボットがその原料を通して、遠い遠いオーストラリアに、ちゃんとつながっていることが分かります。

そこでこれを、われわれ人間に置きかえて考えてみると、どうなるでしょうか。

われわれの体は何で出来ているのでしょうか？　じつはその大部分（九八・九％）は、水素・酸素・炭素・窒素という原子です。われわれが死んでしまうと火葬に付されますが、燃えて炭酸ガスが火葬場の煙突から出て、後には骨と灰しか残らないのがその証拠です。この炭素などをわれわれは「自分だ！」と思い込んでいるわけですが、これももちろんわれわれが作り出したものではありません。

じつは、われわれは、毎日食べる野菜などの植物から、この炭素をもらっているのです。では、その植物はどこから炭素を取り入れたのでしょうか？　野菜の葉の中には葉緑素《ようりょくそ》という物質があり、それが太陽エネルギーを使って、空気中の炭酸ガスから炭素を野菜の中に取り入れているのです。

では、その空気はどこからやって来るのでしょうか。それはシベリアやアフリカからも、世界の空をめぐりめぐってやって来ます。その空気に、どうして炭素が含まれているのでしょうか。その炭素はアフリカで山火事があったとき、焼け焦《こ》げたライオンの体から炭酸ガスとなって空中に舞い上がったものかもしれません……。

つまり、わたしたちの目玉の一部になっている炭素は、アフリカのライオンの体の一部であったり、あるいは、海の中のバクテリアの一部であったりするわけです。また、わたしたちの体の炭素も、いつかシベリアの熊《くま》になったり、オーストラリアのカンガルーになったりするのです。しかしこう言いますと、

「それは分かるが、食べ物から栄養をとって体を作る前に、われわれの肉体はお母さんによって作られているのではないだろうか？」

と、疑問を持つ方が、おられるかもしれません。われわれが赤ん坊としてこの世に生まれてくるときには、たしかにお母さんの肉体を分けてもらってきたように見えます。しかし、精子

と卵子が結合して赤ん坊が出来るとき、いちばん大切なのは、そこに入っているDNAという物質が持っている「情報」だけなのです。

後は、お母さんがスーパーで買ってきて食べるトマトとキュウリ、牛肉とブタ肉、とうふと納豆《なっとう》などで、赤ちゃんの骨と肉が出来ていくのです。これもまたシベリアの熊の炭素からできているかも知れないわけです。

「この炭素は自分のものだ。あの炭素はあなたのものだ」などと言えるものではありません。炭素という原子の段階になりますと、これはまったく、区別などつけられません。二つの炭素原子を並べてみたときに、性質も姿も、まったく同じで、ちがいはないのですから。

ゆえにわれわれが、どこからが「自分」で、どこからが「他」かを考えてみればみるほど、ハッキリしなくなってしまうのは、むしろとうぜんのことなのです。

このように「これが自分だ」などということを、本来、われわれは言うことができないのです。このことに気づくことこそ「無我」の考え方の入り口と言ってよろしい。

「自分」とは、密度が濃いところ

我《が》があると、どんなにまずいことになるかという、たとえ話をしましょう。

人間の内臓には本来「我」はありません。ところが何かの錯覚で心臓《しんぞう》と腎臓《じんぞう》が我を持ってしまったとしましょう。

あるとき、心臓と腎臓がケンカをはじめました。ケンカは我があるから起きるのです。心臓は腎臓に向かってこう言いました。

「おい、腎臓君。おれが血液を送ってやらなかったら、君はたちまちダウンしちゃうんだぜ。それなのに、近ごろ大きな顔をして、おれにろくろくあいさつもしないじゃないか！」

すると、腎臓も、負けずに言い返しました。

「だけどね、心臓君。君もそう大きな態度ばかりとっていられないぜ。君が送って来る汚れた血を、おれのはたらきで、きれいにしてやらなかったら、君はイチコロで参っちゃうんだぜ！」

どちらも、つながり合って、それぞれの役割を果たしているから生きながらえていけるのに、それに気づきません。この心臓と腎臓のケンカを見て、笑えない人も多いのではないでしょうか。我があると、こういうことになりかねません。

自分の体の中の仕組みがつながっていることを知らない人は、まずないでしょう。脳から出される命令が脊髄《せきずい》、神経を通して伝わり、体中を動かしてゆきます。逆に、耳や目や指先が感じた刺激《しげき》は、すべて脳に集まって来ます。その脳からの命令で体を動かすエネルギーのもととしての血液が、体のすみずみまで運ばれてゆくのです。

じつは、世界はこの体と同じようにつながっているのですが、そのつながりを、考えちがいをしてどこかで切ってしまうのです。たぶん肉体の表面に境目を作って、その内と外とを区別し、内を外よりも大事にするのでしょう。これが「我《が》」です。

「あいつは我ばかり張って困ったものだ」としばしば言われますが、それはふつう「あいつは、わがまま者で困る」という意味です。そのわがままは、その言われた人が「自分は外から独立している」と思うところから、出てくるのです。本当は、今説明してきたように、自分と外との間には境目はなく、ずーっとつながっているのですが、その人は、外（他）とつながっていることに気がついていないのです。

この世界には原子が無数にあります。その原子が濃く（密度高く）集まっているところが「太郎君」「花子さん」「机」「ビルディング」などで、原子の集まりの薄い（密度が低い）ところが空中なのであって、原子レベルでこの世界を見れば、濃い薄いはあっても、ぜんぶつながっているのです。

「個」があるわけ

ここまでいろいろな言い方で、「つながり」と「無我」がどんなに大切かということを力説してきました。しかし、

「そんなに『つながり』が大事なのならば、この世界はぜんぶが海の水のように、あるいは曇りの日に大空をおおっている雲のように出来ているべきではないのか？ それだったらはじめからつながっていて切れ目はなく、仏教で、つながれ、つながれと、くどく言う必要はないのに。だが実際には、動物でも植物でも、一匹一匹の動物とか、一本一本の木とかというように、『個《こ》』という切れて独立した形をしているではないか？」

という疑問を持たれる方もおられるでしょう。

しかし、切れて独立したかに見える「個」がつながり合っているからこそ、いろいろなはたらき（機能）を現し出す（広い意味で生きている）ことができているのです。これは仏教というよりもむしろ工学の基本です。

これまでは我を悪い意味で使ってきましたが、個という意味で我《われ》を考えると、第四章190ページの**「一つ」の一般図式**に照らして、

【無我】

協力

無我《むが》——つながる

我《われ》（よい意味の）——切る

ということになります。この【無我】こそが大切な無我なのです。

たとえば、メガネを作るには、まずプラスチック（ガラスのこともあります）のレンズを作り、それを枠にはまるように切らなくてはなりません。二つの枠をつないで鼻柱にのせる金具も、金属材料から切り出さなくてはなりません。

そのように切って出来た部品が我《われ》です。しかし切り取った部品をつながなければ、メガネとしてのはたらきは生まれませんから、うまくつながることが大事です。その、うまくつながるためには、部品が勝手な向きや大きさをしていたのではだめですから、部品のわがまま勝手を抑えなければなりません。これが無我です。わがまま勝手を抑えるということは、部品がしんぼうすることのように見えますが、じつは反対で、うまくつながってこそ部品も百パーセント生かされるのです。

「切る」というのは、つなぐために切るのですから、いちばん大切なことは、〝切った後でちゃんとつながるように切る〟ことです。およそ、この世にあるものはほとんどすべて、切ってつなぐことによって出来上がっているのです。あなたが着ている洋服も、あなたが住んでいる家も、その中にある家具も、すべてが切ってつなぐことによって役立つものになっています。ですからその切り方が問題なのです。

めちゃくちゃな生地の切り方をしたら、人間が着る洋服は作れません。大工さんの腕のよしあしは、切った柱と柱とが吸いつくように、ピタッとつくかつかないかで決まります。ですからポイントはつながるところの境目です。切り方がまずいと、うまくつながりませんから、役立つものは生まれてきません。

これを人間の世界に当てはめるのです。前に指の話をしましたが（第四章179ページ参照）、手の指のように、それぞれ一人一人の個が、それぞれの個性を完全に活かして、全体がうまくはたらくようにつながる。そのために個という切れた形をして世の中に現れているのです。

ともかく、わがまま勝手のような我《われ》の悪い面（つまり我《が》）をなくして無我になり、我《われ》のよい面である、全体の中の役割とか受け持ちという個性（つまり個）をしっかりさせることが大切なのです。

宇宙まで広がった自己——もっとも健全な状態

すでに何度も言いましたが、ふつうは、「この体が自分だ」という気がしていて、その自分を、自分以外のものよりも大切にしています。これは人間一般のごくふつうの状態です。

しかし、この体よりも広がったもの、この体以外のものを自分だと思うことができることがあります。

早い話がお母さんです。妊娠中で赤ちゃんがお母さんの体の中に入っているうちは、あきらかにその赤ちゃんは、お母さんにとっては自分です。自分以外のもの（他）ではありません。

そして出産。オギャーと生まれた赤ちゃんは、その瞬間から自分以外のもの（他）になるのでしょうか？　たしかに、へその緒《お》は切れて、肉体としては別の体になるわけですが、お母さんはけっしてその赤ちゃんに対して、他人だなどという気は起こさないでしょう。筆者は男で子供を産んだ経験はないのですが、むしろ自分が増えたという気持ちがするのではないでしょうか。出産後、育児がはじまりますが、赤ちゃんが痛がれば、それは人ごとではなく、お母さん自身が痛いと思うくらいに、赤ちゃんを愛して育ててゆきます。赤ちゃんに危害が加わりそうになると、お母さんは身をもって赤ちゃんをかばいます。つまり赤ちゃんとお母さんとは一体になっています。

このことを言い直すと、お母さんの自分というものが、自分の体から赤ちゃんもふくめたも

のへと広がった、と言えるでしょう。つまり、

《自分の体》→《(自分の体)＋(赤ちゃん)》

となるのです。《　》のかっこの中は自分を、《　》の外は他を表しています。一家の主人は、家族のことは人ごとではなく、わがことと思いますから、

《自分》→《(自分)＋(家族)》

となります。こうなってこそ一家の主人としての資格があるということです。

先に、**第三章の心を育てた製作三昧**の中に、八戸三中のO君のロボコン感想文をあげておきましたが、それを読むと、「……その物に宿った僕の心が、代わりに見てくれる……」とありますから、O君が苦心して作ったロボットはO君の分身、いやO君の心が乗り移ってO君自身になっていると思われます。つまり、O君の自分が、ロボットもふくめたものに広がったのです。すなわち、

《O君》→《(O君)+(ロボット)》

となったわけです。

キリスト教では、「隣の人を自分のように愛しなさい」と、隣人愛《りんじんあい》を説きますが、それは、「自分という気持ちを隣にまで広げなさい」と解釈してよいでしょう。すなわち、

《自分》→《(自分)+(隣の人たち)》

となります。このように自分という観念は、広がることができるのです(赤ちゃんや、ロボットの場合は本能的ですから、広がるでしょうが、隣の人の場合はむしろ理性的でしょうから、広げる、という言い方が本当のところかもしれません)。

ともかく、自分という気持ちは自分の体に固定しているものではなく、愛情をいだけば、そのいだいたものへも広がるのです。

たとえば、会社の社長さんは、愛する会社のことは人ごとではありませんから、

《自分》→《(自分)+(会社)》

となり、これでこそ、社長としての資格があるということです。

それで、この自分を広げるということをどんどん押し広めて、世界全部まで、あるいは宇宙全体まで広がった状態が、理想的なのです。

お釈迦さまは、坐禅をしておられて、十二月八日の朝、明《あ》けの明星《みょうじょう》（金星）をごらんになって、悟りをお開きになったと伝えられていますが、お釈迦さまはそのとき、金星も自分になった、お釈迦さまの自分が金星にまで（つまり宇宙にまで）広がったのだろうと、推察することができるのです。

もうお分かりになったと思いますが、広がった自分の範囲は広いほどよろしい。広くなればなっただけ、その人の心は悟りに近づいた（精神が健全になった）と言えるでしょう。

ですから、宇宙全体にまで自分が広がった状態が理想なのです。宇宙の場合は、宇宙以外のところというのはないのですから、宇宙全体が自分ならば「他」はなくなってしまいます。すなわち自・他があるうちは二つですが、他がなくなれば一つになります。これは仏教が教えるもっとも健全な理想状態です。

この状態を「自己が確立《かくりつ》した」と言います。本当の自己とは宇宙全体のことを言うのです。

自・他のどちらがなくなっても同じ理想

今は自分が宇宙全体にまで広がって、あらゆるところが「自」で「他」はどこにもなくなった状態をお話ししましたが、このまったく逆が、先に説明した「無我」です。無我ではすべてが「他」で、どこにも「自」はありません。

このように仏教は、一方では、本当の自己とは宇宙全体のことだと言い、もう一方では無我(自己はない)を説くのです。どちらにしても、自と他の対立がないので「一つ」になっています。自他が出てくると「二つ」になって好ましくありません。

ところで、こう述べてくると、読者の中には、自己を宇宙まで広げればよいのか、それとも自己をなくして無我になればよいのか、迷われる方もあると思います。そこで、**第四章の矛盾表現を理解する助け**の中の**大事なところに付せんを付けたら全ページになってしまった**(201ページ)と**地球は丸いので**(202ページ)を思い出して下さい。正反対の二つが一つにすんなりと受け入れられるはずです。

じつは、自己を宇宙まで広げることと、自己をなくすることとは、正反対の二つのことではなく、同じ一つの理想状態なのです。

自己が宇宙まで拡大できた瞬間にほんとうに無我になっており、ほんとうに無我になった瞬間に自己は宇宙へと広がるのです(このことも前章の**「一つ」の一般図式**(190ページ)のところで触れた二元性一元論の、きれいな形をしています。仏教は理論的にも美しいすっきりしたものです）。

お子さんの日常

うぬぼれないで自信を持つ

以上、自己について、理屈を述べすぎた感があります。お子さんにとって大切なのは、理屈と共に、日々の行動をどうすれば仏道にかなうのか、ということでしょうから、その角度からの話をしましょう。これは、これまで述べてきた仏教の日常への応用です。

第一章から何度も言ってきたように、われわれ一人一人も「宇宙のはたらき」のいのちを持った、尊く清らかな宇宙の代表です。人と同じように自分の内にも尊く清らかな仏性《ぶっしょう》（第一章54ページ参照）がそなわっています。ですから仏教では、わたしたち一般の人間を仏子《ぶっし》（仏の子）と呼ぶこともあるくらいです。

また第四章の指の話のところで解説したように、各人は他の人では代えることができない大切な役割を持っています。わたしたちすべての人間は、そのような自覚を持つ必要があります。

ですからお子さんたちは、もしも一生懸命に勉強しても学校の成績が上がらない場合、それくらいのことで、自分はだめな人間だと自分をいやしめて（卑下《ひげ》して）はいけません。しかしその与えられた自分の尊さを表に表すことができないことは、恥じなければなりません。それで、へりくだった（謙虚《けんきょ》な）気持ちになって、もっと一生懸命に勉強をするとか、あるいは勉強や、学校に関係のないことについて努力するとかという気構えになってほしいものです。学校の成績には表れない自分なりの特徴というものが絶対にあるはずですから。

また逆に、学校の成績がよくても、成績のよくない友達を見下してバカにしたり、自分はできるんだとうぬぼれたり、いばった気持ちを起こさないことです。仏教は心を重んじますから、実際に相手に向かっていばったり相手をバカにしたような言葉を出さなくても、心の中でそのように思うだけでもよくないのです。思うだけでも、心の底のまた底に、その影響がおよび、それなりの結果を残すからです。

要するに、自信を失わず、それでいながらうぬぼれないで謙虚になることです。もちろん、努力はしなければ話になりません。

またここで気づいて頂きたい点は、次の四つのうちの二番目が好ましいということです。

一．自信があって　いばる

二．自信があって　いばらない

三．自信がなくて　いばる
四．自信がなくて　いばらない

この形を仏教では「**四句分別**《しくふんべつ》」と言います。一はふつうの傾向で、自分はいい気になっているのでしょうが、他から見て感じのよいものではありません。二がよいのです。三は最低です。四については、背筋をのばしてしっかりしなさいと、はげます必要があります。

コラム 四句分別

ものごとをいろいろ考えるのに、
一．〇であって　□である
二．〇であって　□でない
三．〇でなくて　□である
四．〇でなくて　□でない
の形をした四行の短い文章を使って行うのを、四句分別《しくふんべつ》と言い、仏教の学問によく出てきます（本当は、もう少し難しい形をしています）。
たとえば、〇を「遠い」に、□を「遅刻」にあてはめてみれば、

一．遠いから　遅刻する
二．遠いから　遅刻しない
三．近いから　遅刻する　（ここでは、遠くない＝近い、としました）
四．近いから　遅刻しない

という、四つの場合が出てきます。この一は、あたりまえですね。遠いので来るのに時間がかかって遅刻するというわけです。途中の乗り物に乗りそこねることもあるでしょう。二は、気がひきしまった用心ぶかい人です。遠いからこそ早く家を出ようという心がけでしょう。三は油断です。学校の隣に家がある人など、すぐ行けるからと油断して遅刻するのはこれにあたります。だらしがないのです。四もあたりまえです。歩いてすぐのところに学校があれば、途中バスや電車に乗らなくてすみますから、バスなどのおくれで遅刻するということはないわけです。

いろいろなものごとを、この四句分別にあてはめて考えてみると、面白いですし、頭の体操になりますよ。

「わたしのことをあの人がこう言った」とか、あるいは自分に対する評判をひどく気にして、落ち込んだり、悩んだり、くよくよしている人がけっこう多いものです。

もちろん、自分に対する忠告にはしっかりと耳を傾ける必要があります。しかしそれをもとに反省したあげく、自分の行いが仏道にかなっている場合には、人から何を言われようとも、どのように悪口でたたかれようとも、そんなものは断固としてはねのけることです。しっかりとゆるがない信念を持って進むことが大切です。

「自分も尊く清らかな仏性《ぶっしょう》がそなわった仏子《ぶっし》であり、他の人では代えることができない大切な役割を持っているのだ」という固い信念を持てば、悪口や悪評判など問題ではなくなります。自分の値打ちは、他人によって決められるようなものではありません（俗な言い方をすれば、本当の値打ちは仏さまだけがご存じということです）。

といって、相手とケンカしてはいけません。どんなことを言われ、何をされようとも、相手には柔らかく応対することです。すなわち、

「内には固い信念を持ち、人（外）に対しては柔らかく」

が、キーポイントです。このことはお子さんたちが将来、創造的《そうぞうてき》な仕事をされるときに非常

に大切です。

創造的なことをはじめるときには、かならず反対に出くわすものです。そのとき反対に負けていたのでは、けっして人類に役立つ創造的なことはできません。筆者は、

「新しさは、反対の強さで測《はか》れ」

と言っているくらいです。電話の発明者、アレキサンダー・グラハム・ベルが電話を発明したとき、そんなものは、（今で言う）インターフォンくらいにしか役立たないから、社会全体に広めるなど考えられないと、アメリカの国家委員会から猛反対をくらったということです。それが今ではどうでしょうか。

筆者がロボットの研究をはじめたときもそうでした。「ロボットというおもちゃのような研究テーマは、はずかしくて文部省へ持ってゆくことはできないから、変えろ」と研究所で言われたものでした。またロボットコンテストをはじめたときも同様でした。「大学教授は遊んでいないで、まじめに研究するものだ」と周囲から反対されました。ところが今では、その反対した人がロボコンに力を入れています。

これは仏教のおかげですが、第三章で説明したとおり（83、95ページ）、反対されたときにも、

けっして腹を立てて怒ってはいけません。そこで、怒らず柔らかく対応しておけば、後になってその反対した人が理解さえしてくれれば、味方になってもらえるのです。反対者を敵にしてしまう姿勢は、仏道ではありません。

自分勝手な考えや行いをしない

すでに説明したように、一人一人の個人がたがいに関係を持ってスムーズにつながってこそ、人間社会全体も個人一人一人も百パーセント生きてくるのですから、行動するにも時と場所と相手とをよく考えてすることとです。自分勝手な行動や人に迷惑をかけるような行いはしないことです。

また、わがままに、おれが、わたしが、と自分の意見だけを主張するのもよくありません。人の発言に耳を傾けることは非常に大事なことです。

第三章（114ページ）で、いみじくもO君がロボコン感想文に書いていることを、再びここに示します。

「僕は、ロボコンを通していろいろなことを学びました。例えば仲間と協力して何かをするということとです。自分の意見や他人の意見一つだけにとらわれずに、自分の意見と他人の意見を混ぜ合わせて、さらにいいものを作っていくことが大切だということが分かり、しょうらいのためにいい勉強になった。

これから先僕は大人になり仕事につくだろう。そしてチームを組んで仕事をするだろう。そんな時僕はきっとうまくやっていけるだろう」

このO君の言葉で、筆者がここで言いたいことは、言い尽くされています。

ただお父様、お母様方に申し上げたいのですが、お子さんが、自分勝手な行動をしたり、わがままな意見を通そうとされるときは、お子さん自身は、自分の態度がわがままだということに気がついていない場合が多いと思います。ですから、お子さんがそれに気がつくように指導してあげてください。

自分の過ちはすなおにみとめて謝る

「ごめんなさい」のひとことが、どんなに社会をスムーズに回していくか知れません。

しかし、人間には我《が》というくせ者があるために、なかなか自分の過ちをみとめず「ごめんなさい」のひとことを口から出せない人がけっこういるものです。

第三章で述べましたが（92ページ）、人間の心の中には「自分を見るもうひとりの自分」という、じぶんを監視している非常に大切な心があります。他人にはごまかしたりうそをつくことができますが、この「自分を見るもうひとりの自分」にはごまかしやうそは絶対に通用しません。

この「もうひとりの自分」が弱いと、過ちをみとめて謝ることができないのです。この「もうひとりの自分」こそが本当の自分であって、これがいちばん強くなったとき、先に説明したように、自己が宇宙にまで広がり、同時に無我になれるのです。

どうかお子さんたちも、過ちをした場合には、すなおにそれをみとめて「ごめんなさい」と謝る習慣を身に付けてください。

よい結果は人のせい、悪い結果は自分のせい

人間の我《が》は非常に強力なので、自分では、自分と他人に公平にしているつもりでも、第三者から（客観的に）見ると、よいことは自分のせい、悪いことは人のせいに傾いてしまっているものです。

たとえば、食卓の端に、たまたまガラスのコップがあり、自分の体がそれにさわり、コップが落ちて割れてしまったとしましょう。このことは悪いことです。そのとき「だれだ、こんなところにコップを置いたのは！　落ちてしまったじゃないか！」と言えば、コップが落ちて割れたのを人のせいにしているわけです。しかし「ごめんなさい、ぼくが不注意で、うっかりさわってしまったもので」と言えば、自分のせいになっているわけです。

ですから、逆に、（主観的には）「よいことが起きたらそれは他人のせいにし、悪いことが起

きたら自分のせいにする」くらいのつもりで、(客観的に)公平になると言えるのです。

悪いことを自分のせいにするには、ふつう勇気が要ります。それは我《が》があるからで、仏教の修行《しゅぎょう》をして我が抜けてくるにつれて、勇気など起こさなくても、すんなりと自分のせいにすることができるようになります。

すべてに思いやる気持ちを

第三章(115ページ)で、O君がロボコン感想文に、「……僕は物を絶対にそまつにしたりできないだろう。今しきりにかんきょう問題がさけばれているが、もし全人類がロボコンのようにすばらしい事を体験し、何かに気がついたとしたら、自分だけではなく他人や物にも思いやりがもてるようになると思う。……」と書いています。

この思いやりを持つことは、相手の苦しみを抜き取り、楽《らく》を相手に与える慈悲《じひ》のはじまりです。

慈悲は仏教では非常に大切なこととされています。しかも、思いやりとか慈悲といえば、その相手はふつう人か動物ですが、O君は物に対しても思いやりを感じているのです。

このことは今後のエコロジーの時代にまことに重要です。そしてそれは、相手である物にまで自分が広がることです。もちろん、宇宙全体にまで自己が広がれば、人、動物、植物、鉱物など、すべてのものに思いやりが持てることはいうまでもありません。すべてはわが身ですから。

すべてに感謝する

くりかえしになりますが、われわれ一人一人は、縁の網のように、無限にたくさんの人や、生きものや、物のおかげを受けて生きていられるのです。ですから、日々、それらのすべてに感謝し、お礼を言う気持ちを持つことが必要です。

第一章の仏像を拝むときの注意で述べました（41ページ）「お願いではなく、感謝だよ」という合掌の心がけは、ここから出てくるのです。お子さんたちも毎日この気持ちを忘れずに生きてゆかれることを望みます。

ここでひとこと付け加えれば、それは仏道の入門であって、そこにはまだ、おかげをこうむっているから感謝するという、いかにも、やってもらったから返礼するというような、やりとりという臭味《くさみ》があります。感謝しないよりははるかによいことなのですが、まだその分だけの汚《きたな》さが残ります。

仏道が進みますと、……だから感謝するというレベルを超えて、理由などは不要で、「ただ無心に合掌する」ということになります。これがほんとうにきれいな状態です。

あとがき

人間は深いわけがあって、本来、修道的な存在であると言います。

ですから少年少女時代から仏教に接し、仏教的な考え方を少しでも身に付けておくことは、人間としてたいへん大事なことと考えます。たとえお子さんが、将来仏教以外の宗教に入信されるとしてもです。その意味で幻冬舎から依頼のあった「親子のための仏教入門」というテーマでの執筆は、高度に必要有意義なもので、また魅力あるものだと思いました。

ですが一方、仏教は非常に難しい哲学的内容を持っています。十数年間修行しても、分からない人には分からないというところもあります。加えて、耳慣れない仏教用語が多数頻発し、それも常用漢字には見あたらない、生まれてはじめて見たような難解な漢字が多用されています。大人でさえそうなのですから、それを少年少女向けにかみ砕いて語ることは至難の業です。もちろん、のんのんさま（仏さまの幼稚語）を拝みましょう、といった類の子供向けの、仏さまの情け深さを示した、霊験あらたかな仏教童話本はいろいろあります。しかしそれらは、仏教教義をやさしく解説したものではないので、仏教の大事な教えそのものは子供さんには分かりません。難解な仏教教義を子供向けに解説した書はないのではないでしょうか。

それで現在、仏教関係の著書は汗牛充棟《かんぎゅうじゅうとう》の有様ですが、以上のようなわけで、筆者は冒険を試みる決意をしたのです。ひとくちに「子」と言っても、幼児から社会人にまで分布していますから、せめて理知が発達しかけた小学校上級生以上を対象とすることにして、仏教教義の大切ないくつかを、やさしく、しかし理論的に、解説することを試みました。

それには、できるだけ仏教の専門用語を離れ、やさしい新語を作ってでも解説する。筆者のロボット工学という専門を生かした比喩をできるだけ使う。漢字はなるべく使わず、使ったとしても常用漢字にする。たとえば、仏教の言う「ちえ」は、仏教界では知恵とは書かず智慧と書く決まりになっていますが、本書ではその決まりを破って知恵としたなどです。

しかし、なんと言っても、聞いてもらうのがお子さんというところから、大きな限界もあり、止むなく、仏教としては重要な教義であっても、お子さんを迷わせるようなことは避けて通りました。

たとえば仏教では、多分に言葉というものを否定して、「言葉で言い表したものはうそ」だとか「真理は言葉では表現できない」などと言っています。このことは、まさにその通りなのですが、言葉を卒業し、言葉にとらわれた大人に対して言うべきことであって、まだこれから言葉を習い、言葉による表現力を磨いてゆかなければならないお子さんには言うべきではありません。そんなことを言うと、お子さんの国語力を落としてしまいますから。

同様なことが「一即多」とか「煩悩即菩提」という、いわば矛盾した（とくに禅宗）独特の深い表現にも見られます。しかしこのような矛盾的表現を避けて通ったのでは、本書の中身が半分以上もぬけの殻になってしまいますので、「数学や理科ではこのことはちがうんだよ」との断り付きで、したためました。

……というようなことで、仏教の専門家がご覧になれば、もの足りない点とか、歯抜けの点とか、場合によっては間違いと誤解されるような点もあろうかと思いますが、それらは配慮があってのことです。

またひとくちに仏教と言いましても、宗派がたくさんありますし、新宗教もあります。そして、教えの説き方も、それぞれによって微妙に異なり、場合によっては、たとえば自力の禅宗と他力の浄土真宗とでは一見正反対に見えることも多いのです。それで本書では、なるべく多くの仏教に通底した教えのいくつかを選んで解説したつもりです。

なお、本書のサブタイトルに「我慢」とありますが、本書はたんに「いやいやしんぼうなさい」と述べているのではありません。我慢（忍耐）も、仏教では心の鍛錬として、修行の大切な項目になっているくらいです。しかしそれを乗り越えることをせずに、いやいやしんぼうを続けると、ストレスが堆積して、顔もよくなりませんし、恐ろしいことに短命になってしまいます。

それで、そうではなく、人生のつらい場面も仏さまからのプレゼントだと受け止められるように修養したり、無我の真理が飲み込めるまで修行したりすることによって、結果としてしんぼうのつらさを乗り越えてストレスを霧散させ、心を晴れ晴れとさせるのが、本書で説いた仏教なのです。

最後に、本書出版に関し、いくつもの忠言や編集の労をいただいた幻冬舎の袖山満一子氏に深く感謝申し上げます。

青少年の心の健全な育成を願いつつ。

二〇一一年　一月

森　政弘

索引

この索引は、多くが「内容の索引」です。したがって内容は同じでも、それを表している言葉は多少ちがうこともありますので、ご承知おき下さい。

〈あ行〉
有り難い　47
宇宙のはたらき　29・30・33〜37・64・79・143・170・177〜180・182・226
縁起《えんぎ》　164・170
大喜びには用心を　104・157

〈か行〉
観音さま　6・41・58
功徳《くどく》　50
心が透明で澄む、清らか　35
心の主人公　56・95
心の先生になろう　94
心の三つの猛毒　59・78
「ごめんなさい」のひとこと　234

〈さ行〉
錯覚　101・129・137・208・209
三性《さんしょう》の理《り》　146
三昧《さんまい》　69・105〜111・207
四句分別《しくふんべつ》　229
実相《じっそう》　141・143〜145
失敗を拝む　158
慈悲《じひ》　236
慈悲《じひ》（物に対する）　236
自分が広がる　222〜226・236
自分にだまされる　152
自分の心に打ち勝つ　103
自分本位（我《が》）　207・233
自分本位（わがまま勝手）でない　55・220
自分を見るもうひとりの自分　67・92・93・95・97・98
自由な世界へ出る　28・29
修行《しゅぎょう》　38・40・50・54・78・105・201・203・236
精進料理の意味　131
諸行無常《しょぎょうむじょう》　169
諸法無我《しょほうむが》　160・163・169・212
真理と法則　36
すべてはすべてに関係している　160
創造に対する反対　231

〈た行〉
手の合わせ方 44
とらわれない 25・62・137・141・143・148
貪欲《とんよく》 80
〈な行〉
名前によってではなく、行いによってである 148
西へ行くと東へ出る 202
〈は行〉
爆発型の欲望 79
花とちょうの関係の奥深さ 32
反対者を敵にするな 232
一つ 7・28・44・105・106・130・183・184・189・198・199・200・226
一つ、にさえもとらわれない 199
布施《ふせ》 86
仏教とは 46
仏教の包容力 25
仏子《ぶつし》 227・231
仏性《ぶっしょう》 54・64〜67・119・122・123・145・171・178・227・231
仏像を拝むとは 41
仏道を習うというは、自己を習うなり 206
部分の中に全体が入っている 170
法 36
仏 37
仏さまからの贈りもの 159
「法身《ほっしん》」の仏 37
ボサツ 40
法門 48
方便《ほうべん》 50
煩悩《ぼんのう》 78
〈ま行〉
満足型の欲望 79
無我《むが》 171・208・211・212・216・218・219・220・226・235
無記《むき》 146
無記に尊さを感じる 158
無心 34・44・87・237
物との会話 9・52
〈や行〉
やらされているという気持ちがない 56
柔らかい心、考え 5・25・57・65・97・98・103
指の平等 175
〈ら行〉
ロボットと仏教 3・7

著者略歴

森　政弘《もり　まさひろ》

一九二七年愛知県生まれ。
ロボット工学者、工学博士。仏教研究家でもある。
日本ロボット学会名誉会長。名古屋大学工学部電気学科卒業。
東京大学助教授・同教授、東京工業大学教授を経て、
一九八七年より東京工業大学名誉教授。
この間、一九七二年以来、約四〇年にわたり、やや専門的に仏教を研鑽。
ロボットコンテスト創始者。
NHK放送文化賞・紫綬褒章・勲三等旭日中綬章・ロボット活用社会貢献賞ほか受賞。
著書に『ロボット博士　森政弘の佛教入門』（佼成出版社）、
『機械部品の幕の内弁当《ロボット博士の創造への扉》』
『ロボコン博士のもの作り遊論』（ともにオーム社）、
『今を生きていく力「六波羅蜜」』（教育評論社）ほか多数。

幻冬舎新書 201

親子のための仏教入門
我慢が楽しくなる技術

二〇一一年一月三十日 第一刷発行
二〇一九年九月二十日 第二刷発行

著者 森 政弘

発行人 見城 徹

編集人 志儀保博

発行所 株式会社 幻冬舎
〒一五一-〇〇五一 東京都渋谷区千駄ヶ谷四-九-七
電話 〇三-五四一一-六二一一(編集)
〇三-五四一一-六二二二(営業)
振替 〇〇一二〇-八-七六七六四三

ブックデザイン 鈴木成一デザイン室

印刷・製本所 株式会社 光邦

検印廃止

Printed in Japan ISBN978-4-344-98202-4 C0295
も-5-1

幻冬舎ホームページアドレス https://www.gentosha.co.jp/
*この本に関するご意見・ご感想をメールでお寄せいただく場合は、comment@gentosha.co.jp まで。

幻冬舎新書

島田裕巳
日本の10大新宗教

創価学会だけではない日本の新宗教。が、そもそもいつどう成立したか。代表的教団の教祖誕生から社会問題化した事件までを繙きながら、日本人の精神と宗教観を浮かび上がらせた画期的な書。

島田裕巳
平成宗教20年史

平成はオウム騒動ではじまる。そして平成7年の地下鉄サリン。一方5年、公明党（＝創価学会）が連立政権参加、11年以後、長期与党に。新宗教やスピリチュアルに沸く平成の宗教観をあぶり出す。

正木晃
密教的生活のすすめ

宗教学をわかりやすく解説することで知られる著者が、密教の修行法の中から一般人でも簡単に実践でき、確実に効果のあるものを選び、やさしく解説する。体と心が変わる密教的生活のすすめ!!

横山紘一
十牛図入門
「新しい自分」への道

牧人が牛を追う旅を、10枚の絵で描いた十牛図は、悟りを得るための禅の入門図として、古くから親しまれてきた。あなたの人生観が深まり、生きることがラクになる10枚の絵の解釈とは？

幻冬舎新書

丘山万里子
ブッダはなぜ女嫌いになったのか

ブッダの悟りは息子を「邪魔者」と名付け、妻子を捨て去ることから始まった。徹底した女性への警戒心、嫌悪感はどこからきたのか。実母、義母、妻との関わりから見えてくる、知られざる姿。

山下景子
ほめことば練習帳

「折り紙付き」「圧巻」などよく耳にする言葉から、「口果報」「柳絮の才」のように現代ではそう使われることのない言葉まで、語源を遡り解説。言葉を使いこなし、人生を豊かにする練習帳。

小浜逸郎
死にたくないが、生きたくもない。

死ぬまであと二十年。僕ら団塊の世代を早く「老人」と認めてくれ――「生涯現役」「アンチエイジング」など「老い」をめぐる時代の空気への違和感を吐露しつつ問う、枯れるように死んでいくための哲学。

谷沢永一
いじめを粉砕する九の鉄則

いじめは問題だというが、そうではない。いじめを跳ね返す力がなく、自ら命を絶つ子供が増えたことが問題なのだ。人間通の著者が喝破する、唯一にして決定的ないじめ解決法とは？

幻冬舎新書

荘司雅彦
13歳からの法学部入門

君が自由で安全な毎日を送れるのは法律があるからだ。では法律さえあれば正義は実現するのか？　君の自由と他人の自由が衝突したら、法律はどう調整するのか？法律の歴史と仕組みをやさしく講義。

田沼靖一
ヒトはどうして死ぬのか
死の遺伝子の謎

いつから生物は死ぬようになったのか？　ヒトが誕生時から内包している「死の遺伝子」とは何なのか？　細胞の死と医薬品開発の最新科学を解説しながら新しい死生観を問いかける画期的な書。

中川右介
昭和45年11月25日
三島由紀夫自決、日本が受けた衝撃

日本全体が動揺し、今なお真相と意味が問われる三島事件。文壇、演劇・映画界、政界、マスコミ百数十人の当日の記録を丹念に拾い時系列で再構築、日本人の無意識なる変化をあぶり出した新しいノンフィクション。

山下景子
現存12天守閣

防御地点として、権力の象徴として100以上も全国に点在した天守だが、戦乱の荒波や時代の移り変わりのなかで今や現存はたった12。奇しくも残った12城をぶらり探索。城の歴史や見所を詳述。